WILDE

Guerra, Ibrahim
  Wilde. - 1ª ed. - Buenos Aires: Deauno.com, 2010.
  228 p.; 21 x 15 cm.

  ISBN 978-987-1581-93-1

  1. Teatro Venezolano. I. Título
  CDD 862

© 2010, Ibrahim Guerra
© 2010, Deauno.com (de Elaleph.com S.R.L.)
© 2010, Imagen de tapa: fotografía tomada en 1882 por Napoleon Sarony

contacto@elaleph.com
http://www.elaleph.com

Para comunicarse con el autor: ibrahimguerra@vitalpower.com

Primera edición

ISBN 978-987-1581-93-1

Hecho el depósito que marca la Ley 11.723

IBRAHIM GUERRA

WILDE

deauno.com

A PROPÓSITO DE WILDE,
A MANERA DE PRÓLOGO...

Bella, triste, conmovedora, irritante Epístola la que Oscar Wilde, (1865-1900), de enero a marzo de 1887, desde la prisión de Reading. Va dirigida a Lord Alfred Douglas, su joven amigo, cuyas relaciones lo han llevado precisamente a esa cárcel, a la condena de dos años de trabajos forzados, a la incautación y liquidación de sus bienes, al abandono de su mujer y sus dos hijos, a la soledad casi absoluta, al escarnio. La sociedad victoriana se ha cobrado con creces los ataques chispeantes del Wilde dramaturgo, las extravagancias del Wilde dandy, las críticas del Wilde socialista, la diferencia del Wilde homosexual. No le pasan la cuenta más que por esto último, pero el contencioso es mucho mayor. Cómo no considerar, por ejemplo, que ese mismo año en que Wilde es detenido, juzgado, condenado y encarcelado, 1885, se publicó su libro de ensayos El alma del hombre bajo el socialismo. Hermoso, denso y lúcido canto libertario rechazándolos de plano el altruismo ("sus remedios no curan la enfermedad, lo único que hacen es prolongarla?; en realidad, puede decirse que sus remedios forman parte integrante de la enfermedad") y proponiendo como única solución el socialismo ("la única finalidad justa debe ser la reconstrucción de la sociedad sobre unos cimientos tales que la pobreza resulte imposible"); haciendo el elogio de los pobres rebeldes "¿por qué iban ellos a agradecer las migajas que caen de la mesa del rico? Lo

*justo sería que ellos se sentasen también a esa mesa; y empiezan
ya a saberlo..."*

Y él, el Oscar poeta, el Oscar crítico, el Oscar humano,
el Oscar homosexual, se esmera en hacérselos saber,
sentándolos a sus mesas, a veces, llevándolos a sus camas,
desnudando sus cuerpos y hurgando en lo que les daba
mayor sentido a su condición humana: su alma.

No se trata de una obra de teatro que conjuga la obra
con la vida de Oscar Wilde, pues ya, con maestría absoluta,
él mismo había logrado lo contrario: llevar a su propia existencia la maravillosa obra literaria que había legado a la
humanidad, haciendo valer una de sus máximas más
asombrosas: *"No es el arte el que imita a la vida, es la vida la
que tiende a parecerse cada vez más al arte."*

IBRAHIM GUERRA, Caracas, 2010

---

* Miranda, Julio. *Retrato del Artista encarcelado*, Colección El nombre
Secreto, Universidad Cecilio Acosta, 1999, p. 11.

PERSONAJES

OSCAR FINGAL O'FLAHERTIE WILLS WILDE, OSCAR WILDE, 40 años.

BASILIO (pintor), 30 años.

LORD ALFRED DOUGLAS (Bosie), 20 años.

JOHN SOLTÓ DOUGLAS (Marqués de Queensburry padre de Lord Alfred Douglas).

SEÑORA QUEENSBURRY (madre de Alfred Douglas) 40 años.

FRANK HARRIS (escritor, amigo de Wilde) 39 años.

ANDRÉ GIDE (escritor, amigo de Wilde) 26 años.

ROBERT ROSS (escritor, amigo de Wilde) 26 años.

CONSTANCE LLOYD (esposa de Oscar Wilde), 36 años.

ALFRED WOOD (especulador sexual) 23 años.

CHARLES PARKER, (especulador sexual), 22 años.

JOVEN 1 (especulador sexual) 20 a 25 años.

JOVEN 2 (especulador sexual) 20 a 25 años.

JERÓNIMO (mayordomo de la casa de O. Wilde), 50 a 55 años.

MUCHACHO 1 (aspecto de niño).

MUCHACHO 2 (aspecto de niño).

ALFRED TAYLOR (proxeneta, 44 años

SIR EDWARD CLARKE (ABOGADO DEFENSOR DE O. WILDE), 45 AÑOS.

SIR HORACE AVORY (abogado representante de la Corona Inglesa), 50 años.

SIR COLLINS (Juez de la Corte Criminal Old Bailey. *Representa a los jueces que intervinieron en los juicios a favor y en contra de O. Wilde*).

SIR EDWARD CARSON (Fiscal del Ministerio Público. *Representa a todos los fiscales que intervinieron en los dos procesos en contra de O. Wilde*).

SIR CHARLES GILL (REPRESENTANTE DEL MINISTERIO PÚBLICO).

UJIER (Secretario del Tribunal).

ARTHUR COLLINS (actor).

SUSAN CHARAMET (actriz).

DIRECTOR TEATRAL

SPERANZA WILDE (madre de Oscar Wilde) 70 años.

Camareros, camareras, prostitutas, muchachos del muelle, y del estudio de pintura. El público asistente a las representaciones actuará como los que lo hicieron a los tres juicios en los que intervino Oscar Wilde.

ESPACIO ESCÉNICO

RECTANGULAR, BIFRONTAL. LOS DOS LADOS LAR-
GOS ESTÁN FRANQUEADOS POR BARANDAS BAJAS
QUE SEPARAN EL ESPACIO ESCÉNICO DE LAS DOS
GRADERÍAS DEL PÚBLICO. EN UNO DE LOS LADOS
DEL ESPACIO ESCÉNICO, EL ESTRADO DEL JUEZ. EL
OTRO SERÁ UTILIZADO PARA INSTALAR EL BALCÓN
DE UN TEATRO, EL PALCO DE UN SALÓN SOCIAL, EL
ESTRADO DE LOS TESTIGOS DEL TRIBUNAL Y OTROS.
EN EL CENTRO, A PISO RASO, BANCOS LARGOS, QUE
COMPONDRÁN DIFERENTES ELEMENTOS DEL MOBI-
LIARIO: CAMA DE HOTEL, MESA DE BANQUETE,
BANCOS DE UN BAÑO SAUNA, BANCOS DE UN TEA-
TRO, OTROS.

VESTUARIO

SUGERENCIAS VICTORIANAS, ESPECIALMENTE EN LOS TRAJES Y ACCESORIOS DE OSCAR, BOSIE, QUEENSBURRY, LA ESPOSA DE WILDE Y LA MADRE DE BOSIE, Y JEANES, BERMUDAS, ZAPATOS TENIS, FRANELAS, FRANELILLAS Y SUÉTERES CON CAPUCHAS PARA LOS MUCHACHOS Y HOMBRES INVOLUCRADOS EN LAS VIDAS DE OSCAR Y BOSIE.

ILUMINACIÓN

CAMBIANTE EN CADA UNA DE LAS DISTINTAS ES-
CENAS O SITUACIONES DEL MONTAJE. SE INDICA EN
CADA UNA DE ELLAS.

PRIMERA PARTE

LA ACCIÓN SE DESARROLLA EN LONDRES, EN 1895.

MIENTRAS EL PÚBLICO ENTRA A LA SALA, SE ESCU-
CHA, EN LA VOZ DE OSCAR WILDE, DE HERMOSAS Y
CAUTIVADORAS INFLEXIONES, EL CUENTO "EL RUI-
SEÑOR Y LA ROSA", U OTRO, PARA UN TIEMPO NO
MAYOR DE VEINTE MINUTOS, PREVISTOS PARA EL
INGRESO Y DISTRIBUCIÓN DE LOS ESPECTADORES.
LA VOZ GRABADA, A VECES, INAUDIBLE, SE CON-
FUNDIRÁ POR MOMENTOS CON LA DE LOS ESPEC-
TADORES.

LAS LUCES DECRECEN LENTAMENTE.

OSCURO.

ESCENA 1

SALA DE BAÑOS PÚBLICOS

SE ENCIENDEN LENTAMENTE LAS LUCES.

EL ESPACIO CENTRAL SE LLENA DE UNA TENUE NIEBLA DE VAPOR.

LOS BANCOS ESTÁN DISPUESTOS PARA SUGERIR EL AMBIENTE DE UN BAÑO SAUNA.

COMO SOMBRAS, APARECEN LOS ACTORES DESNU-DOS, PROVISTOS DE SABANAS MUY LIGERAS, QUE DESTACAN Y EXALTAN SUS FORMAS CORPORALES.

OSCAR (GRABADO) — *"El artista es creador de belleza. Revelar el arte y ocultar al artista es la meta del arte. El crítico es quien puede traducir de manera distinta o con nuevos materiales su impresión de la belleza. La forma más elevada de la crítica, y también la más rastrera, es una modalidad de autobiografía. Quienes descubren significados ruines en cosas hermosas están corrompidos, sin ser elegantes, lo cual es un terrible defecto..."*

ESCENA 2

ESTUDIO DE BASILIO

EN UN LUGAR DESTACADO, UNO DE LOS JÓVENES,
(MODELO, BOSIE) PARECIERA QUE POSA PARA SER
PINTADO. EN EL OTRO EXTREMO, BASILIO, TRAJEA-
DO DE PINTOR, OBSERVA LOS ÁNGULOS ADECUA-
DOS DEL MODELO. SE ACERCA A ÉL PARA SUGERIR-
LE UNA U OTRA POSICIÓN.

COMO SI HUBIERA ESTADO SIEMPRE PRESENTE,
APARECE OSCAR, DE ESTRICTA ELEGANCIA VICTO-
RIANA: CAPA Y SOMBRERO DE COPA. TONALIDADES
OSCURAS.

OSCAR (A BASILIO, REFIRIÉNDOSE AL MODELO) —Es
una obra maravillosa. Creo conveniente que la envíes
el año que viene a la galería Grosvenor. La Academia
es demasiado grande y vulgar. Cada vez que voy allí,
o hay tanta gente que no puedo ver los cuadros, lo
cual es horrible, o hay tantos cuadros, que no puedo
ver a la gente, lo que es todavía peor.

PINTOR (CONTRARIADO POR LA PRESENCIA DE OS-
CAR) —He decidido no enviarla a ningún sitio.

OSCAR —¡Qué raros son los pintores! Hacen cualquier cosa para ganar reputación, pero, tan pronto la consiguen, se obstinan en ocultarse. Parece que no les gustara la notoriedad. Se cansan de que se hable de ellos. Eso es una tontería. En el mundo sólo hay algo peor que se hable de alguien, y es que nadie lo haga. Un retrato como éste, te colocaría muy por encima de todos los pintores jóvenes de este país, y despertaría los celos de los viejos, si es que los viejos aun son capaces de sentir algo, más allá que remordimientos, por haber dejado de hacer lo que tanto han criticado en los demás.

PINTOR —No me es posible exponer ese retrato. He puesto en él demasiado de mí mismo.

OSCAR —No sabía que fueras tan vanidoso. No advierto la menor semejanza contigo en este adorable Adonis, que parece estar hecho de marfil y pétalos de rosa. Ese muchacho es un Narciso, y tú... bueno, tienes, por supuesto, un aire intelectual. Pero la belleza, la belleza auténtica, termina dónde empieza ese aire intelectual... Esto no siempre es cierto, desde luego, pero no eres una excepción.

EL MODELO, DIVERTIDO Y SUBYUGADO, CAMBIA DE POSICIÓN.

BASILIO —No me sería nada placentero parecerme a él. Por el contrario, lo lamentaría. Hay un destino adverso ligado a la superioridad corporal o intelectual.

Es mucho mejor no ser diferente de la mayoría. Los feos y los estúpidos son quienes mejor lo pasan en el mundo. Aunque no sepan nada de triunfar, se ahorran al menos los desengaños de la derrota. Viven como todos deberíamos vivir, tranquilos, despreocupados, impasibles. No provocan la ruina de otros, y tampoco la reciben de manos ajenas.

OSCAR (MUY CERCA, LE HABLA CASI AL OÍDO) —¿Me vas a decir su nombre?

BASILIO —Sería como entregarte una parte de él. Con el tiempo he llegado a amar el secreto. Basta esconder la cosa más corriente para hacerla deliciosa. La más fascinante se vulgariza si se da a conocer.

OSCAR —Eso, exactamente, ocurre con el matrimonio. El único encanto que exige de ambas partes es la práctica del engaño.

BASILIO —Eso no es natural entre un hombre y una mujer unidos por el vínculo del matrimonio.

EL MODELO CAMBIA DE NUEVO LA POSTURA, MOSTRANDO OTRA FACETA DE SU MUY BIEN FORMADO CUERPO. A PESAR DE LA INGENUIDAD QUE MANIFIESTA, RESULTA EVIDENTE LA SEDUCCIÓN QUE EJERCE SOBRE WILDE, Y ÉSTE SOBRE ÉL. OSCAR SE ACERCA AL MODELO, Y TRATA DE TOCARLO, SIN HACERLO.

OSCAR —Supongo que tampoco has pensado en venderlo.

BASILIO —Todo retrato que se pinta de corazón, es un retrato propio del artista que lo pinta, no de la persona que posa. En el lienzo se revela a sí mismo. Muestra algún secreto de lo que guarda su alma.

OSCAR —¿Cuál es, en este caso, ese secreto que muestras en esta... extraordinaria figura?

BASILIO (MUY A SU PESAR, EVIDENCIA UN TEMOR OCULTO E INCONFESABLE. SE DESPLAZA COMO PARA DISIPAR TEMORES) —Hace unos meses lo conocí. Noté de pronto que alguien me miraba. Al darme la vuelta, lo vi. Cuando nuestros ojos se encontraron, sentí palidecer. Una extraña sensación de terror se apoderó de mí. Supe que tenía delante de mí a alguien con una personalidad tan fascinante, que si yo se lo permitía, iba a absorber toda mi existencia, mi alma entera, incluso, mi arte. Yo no deseaba ninguna influencia exterior en mi vida. Tú sabes perfectamente lo independiente que soy por naturaleza. Siempre he hecho lo que he querido, al menos... hasta que lo conocí a él. Luego, aunque no sé cómo explicártelo, algo parecía decirme que me encontraba al borde de una crisis terrible. Tenía la extraña sensación de que el destino me reservaba exquisitas alegrías y terribles sufrimientos. Me asusté y me di la vuelta para abandonar el salón. No fue la conciencia lo que me impulsó a hacerlo, sino algo parecido a la cobardía. No me atribuyo ningún mérito por haber tratado de escapar.

OSCAR —¡Lo más delicioso de la tentación es caer en ella!

BASILIO —Eso pensé. Pero, más que pensarlo, no la pude evitar. Imaginaba, y aún lo creo, que estaba enfrente de la criatura más maravillosa del universo. Recordé a la pobre esposa de Lot, tratando de no volver la mirada hacia atrás, para no convertirse en estatua de sal, pero fue inútil, porque lo hice...

OSCAR —La Biblia nos ofrece un maravilloso ejemplo de lo cruel que pueden resultar sus enseñanzas.

BASILIO —Nuestras miradas se cruzaron de nuevo. Más que una imprudencia de mi parte, fue algo sencillamente inevitable.

OSCAR —Y a partir de entonces, ¿lo ves con frecuencia?

BASILIO —No sería feliz si no lo hiciera todos los días. Me es absolutamente necesario.

OSCAR (IRÓNICO) —Creía que sólo te interesaba el arte.

BASILIO —Ese joven define para mí los trazos de una nueva escuela. Una escuela que tiene toda la pasión del espíritu romántico y la perfección de lo griego. La armonía del alma y del cuerpo, ¡qué maravilla! En nuestra locura, hemos separado las dos cosas, y hemos inventado un realismo que es vulgar, y un idealismo hueco.

OSCAR —Entonces, ¿por qué te niegas a exponer su retrato? Yo lo mostraría al mundo.

BASILIO —Eso es, precisamente, lo que me preocupa, que el mundo se apodere de él. Dejaría de ser lo que es. Se daría cuenta de la idolatría que genera en los demás, de la que aún no es consciente.

OSCAR —Por fortuna para ellos, los poetas no son tan escrupulosos como tú. Saben lo útil que es la pasión cuando desean publicar sus obras. Saben que un corazón roto da para muchas ediciones.

BASILIO —¡Los detesto por eso!

EL MODELO, AL TANTO DE LA CONVERSACIÓN ENTRE OSCAR Y BASILIO, SE LEVANTA DEL SITIO DONDE HA ESTADO POSANDO PARA COLOCARSE LOS ELEMENTOS DE UN TRAJE FORMAL DE ESTRICTA ETIQUETA, CAPA, Y SOBRERO DE COPA, DE TONOS PASTELES, QUE LOS TIENE EN UN PERCHERO CERCANO A ÉL.

BASILIO —Un artista debe crear cosas hermosas, pero sin poner en ellas nada de su propia existencia, ni especular con los sentimientos de quienes aprecian su arte. Vivimos en una época en la que se trata el arte como si fuese una forma de autobiografía. Hemos perdido el sentido abstracto de la belleza. (CATEGÓRICO) Esa es la razón de que el mundo no deba ver nunca el retrato de esta maravillosa criatura.

OSCAR, SIN PRESTARLE MAYOR ATENCIÓN A BASI-
LIO, Y SUBYUGADO POR EL ASPECTO FORMAL DEL
JOVEN MODELO, RETIRA DE SU SOLAPA UN CLAVEL
VERDE Y SE LO OFRECE. EL MODELO LO TOMA Y
CONTINÚA POSANDO.

BASILIO —... porque, entonces, siento que he entrega-
do toda mi alma a alguien que la trata como si fuera
una flor que se pone en el ojal, una condecoración que
deleita su vanidad, un adorno para un día de verano.

OSCAR (DESPECTIVO) —Esto no es más que una historia de amor que bien podría. llamarse "historia de
amor estético". Pero, como toda historia de amor, termina por ser muy poco romántica.

BASILIO —Mientras viva, su personalidad me domi-
nará. Tú no puedes sentir lo que yo siento. Tú eres
volátil, cambias con demasiada frecuencia.

OSCAR —Precisamente por eso soy capaz de sentir
muchas y muy variadas cosas. Los que son fieles sólo
conocen el lado trivial del amor. Es el infiel, que no
encuentra dónde encadenar su alma, el que sabe de
sus tragedias. (TR) Creo que llegó el momento de conocerlo...

BASILIO —Tu influencia sería perversa. No me arreba-
tes la única persona que da a mi arte todo el encanto
que posee. Mi vida de artista depende de él.

BOSIE —Estoy cansado de posar... (A OSCAR) su conversación me ha hecho más agradable el tedio de hacerlo.

OSCAR —Precisamente, le comentaba a mi amigo Basilio si sería posible conocerlo. Me decía que usted es un modelo muy disciplinado.

BOSIE —Me llamo Alfred Douglas, pero mi madre, desde pequeño, me llama Bosie.

BASILIO —Quiero terminar hoy tu retrato, (REMARCA) Alfred. (TR) ¿Pensarías que soy descortés, Oscar, si te pido que te vayas?

OSCAR —Será tu modelo quien lo decida. Si lo importuno, lo haré con gusto, aunque dolido por no poder continuar disfrutando de su presencia. ¿Tengo que marcharme, Señor Douglas?

BOSIE —No, por favor, quédese, y, si no le molesta, me gustaría que me llamara por el nombre por el que lo hace mi madre: Bosie. (A BASILIO) Basilio, me has dicho muchas veces que te gusta que yo me distraiga mientras me pintas ¿Qué mejor distracción que las palabras de tu amigo? ¿el Señor...?

OSCAR —Oscar... Oscar Wilde.

BOSIE —Si usted se marcha, Oscar, me iré yo también. (A BASILIO) Nunca despegas los labios cuando pintas, y es muy aburrido estar de pie, sin otra cosa que hacer que contemplar tu silencio...

BASILIO (ACCEDE) —Si es así, entonces, quédate, Oscar, para complacerlo. Es cierto que nunca hablo cuando estoy trabajando, y tampoco escucho. Esto debe ser muy tedioso para mis pobres modelos. (A BOSIE) Y ahora, Alfred, no te muevas ni prestes atención a lo que oigas. Oscar tiene una pésima influencia sobre todos los que lo oyen.

BOSIE (DIVERTIDO) —¿Es cierto eso, señor Wilde?

OSCAR —Las buenas influencias no existen, Bosie. Toda influencia es inmoral, inmoral, desde el punto de vista científico.

BOSIE —¿Por qué?

OSCAR ACCIONA UN ORGANILLO, QUE SE ENCUENTRA EN ALGÚN SITIO, Y DEJA OÍR "LAS ESCENAS DEL BOSQUE", DE SCHUMANN.

OSCAR —Porque influir en una persona es darle su alma. Esa persona deja de pensar sus propias ideas y de arder en las pasiones que definen su carácter. Sus virtudes ya no son reales, sus pecados —si es que los pecados existen— son prestados. Se convierte en eco de la música de otro, en un actor que interpreta un papel que no se ha escrito para él. La finalidad de la vida está en el propio desarrollo, en alcanzar la plenitud de la manera más perfecta posible. Para eso estamos aquí. En la actualidad, las personas se tienen miedo. Han olvidado el mayor de todos los deberes, lo que cada uno se debe a sí mismo. Son caritativos, por supuesto, dan de comer al hambriento y visten al desnudo, pero sus almas pasan hambre, y ellos mismos están desnudos. Hemos dejado de tener valor —quizá no lo hemos tenido nunca. El miedo a la sociedad, que es la base de la moral, el miedo a Dios, que es el secreto de la religión, son las dos cosas que nos gobiernan, y, sin embargo...

BASILIO NOTA QUE BOSIE LUCE CAUTIVADO POR LAS PALABRAS DE WILDE.

BASILIO (A BOSIE, ALGO MOLESTO) —¡Vuelve la cabeza un poquito más hacia la derecha, Alfred!

OSCAR (CON SU VOZ GRAVE Y MUSICAL, Y CON EL PECULIAR MOVIMIENTO DE LA MANO QUE LE ERA TAN CARACTERÍSTICO, Y SIN CONSIDERAR LA INTERRUPCIÓN DE BASILIO) —... creo que si un hombre viviera su vida de manera total y completa, si diera forma a todo sentimiento, expresión al pensamiento, realidad a todos sus sueños, el mundo recibiría tal empujón de alegría que olvidaríamos las enfermedades nefastas del medievalismo y regresaríamos al... (GRANDIOSO) Ideal Helénico...

LA LUZ GENERAL DECRECE, CONCENTRÁNDOSE TAN SÓLO EN OSCAR Y ALFRED. BASILIO QUEDA EN PENUMBRA, CONTEMPLA A ALFRED QUE SE ENCUENTRA SUBYUGADO POR LA ORATORIA DE OSCAR. ESTE SE DESPLAZA EN TORNO A ALFRED PARA ALEJARSE HACIA EL OTRO EXTREMO DEL ESPACIO.

OSCAR —... Pero hasta el más valiente de nosotros tiene miedo de sí mismo. Se nos castiga por nuestras negativas. En vano, porque todos los impulsos que nos esforzamos en ahogar, se nos multiplican en la mente, y nos envenenan. Que el cuerpo peque una vez, se libra de su pecado, porque la acción, el cuerpo, es un modo de purificación. Después, no queda nada, excepto el recuerdo de un placer no cumplido, o la voluptuosidad encerrada en un remordimiento. La única manera de librarse de una tentación es ceder a ella. Si se resiste, el alma enferma, anhelando lo que ella misma se ha prohibido, deseando lo que sus leyes monstruosas han hecho monstruoso e ilegal. Se ha dicho que los grandes acontecimientos del mundo suceden en el cerebro. Es también en el cerebro, y sólo en el cerebro, donde se cometen los grandes pecados. (VIÉNDOLO A LA DISTANCIA, A ESPALDAS DE BASILIO. MÁS SUAVE, CONVINCENTE) Usted, Alfred, por ejemplo, usted mismo, todavía con las rosas rojas de la juventud y los blancos lirios de la infancia, ha tenido pasiones que lo han asustado, pensamientos que le han llenado de terror, sueños y momentos que lo han mantenido despierto durante toda la noche, sueños cuyo simple recuerdo puede llenarlo de vergüenza...

BOSIE (TURBADO) —No sé qué decir. Hay una manera de responderle, pero no la encuentro. Déjeme pensar. O, más bien, deje que trate de pensar. Me canso de posar, Basilio, ¿no piensas terminar?

BASILIO —Nunca habías posado mejor de lo que lo has hecho hoy, Bosie. Has estado completamente inmóvil, y he captado el efecto que quería: los labios entreabiertos, y el brillo en los ojos. No sé qué te ha dicho Oscar para conseguir esta expresión maravillosa. Imagino que halagaba tu vanidad.

BOSIE —No he creído nada de lo que me ha dicho.

OSCAR —Mi querido amigo, este es el mejor retrato de nuestra época. Alfred, ven a comprobarlo por ti mismo.

ALFRED SE RETIRA DEL SITIO EN EL QUE SE ENCUENTRA, Y SE MUEVE HACIA OSCAR, PARA CONTEMPLAR EL ESPACIO VACÍO, SIN ÉL. MANIFIESTA CON UN GESTO INTEGRAL CORPORAL DE DOLOR, UNA INEXPLICABLE Y MOMENTÁNEA ANGUSTIA. OSCAR Y BASILIO SE INQUIETAN.

BASILIO —¿Ocurre algo, Bosie..?

ALFRED —¡Ese no soy yo, Basilio...! (CONTEMPLA EXTASIADO EL ESPACIO VACÍO)

OSCAR (MOVIÉNDOSE HACIA EL ESPACIO QUE OCUPABA BOSIE COMO MODELO, Y SE COLOCA DE LA MISMA MANERA) —Tal vez, querido amigo —¿ya lo puedo llamar amigo?— usted no se identifique con las cosas reales de la existencia. Eso se debe a que no nos reconocemos en nosotros mismos. Eso es natural en su caso. Usted es... maravillosamente irreal...

BOSIE CAMINA HACIA OSCAR COMO SI LO HICIERA AL CUADRO EN QUE SUPUESTAMENTE ESTÁ SU IMAGEN.

BOSIE —¿Irreal?

BASILIO —Tanto, que resulta imposible compararte con algo conocido. Hoy lo he comprobado, Alfred. Has posado mejor que nunca.

OSCAR —Eso me lo debes enteramente a mí, Basilio... ¿No es así... Bosie?

SUBE LA MÚSICA

ALFRED SE QUITA EL CLAVEL DEL OJAL Y SE LO OFRECE DE NUEVO A OSCAR, ESTE LO TOMA. CONTEMPLA EMBELEZADO EL ESPACIO EN EL QUE SUPUESTAMENTE SE ENCUENTRA SU IMAGEN, PERO QUE AHORA OCUPA OSCAR, CON EL CLAVEL EN LA MANO.

OSCURO LENTO

QUEDAN FINALMENTE ILUMINADOS LOS TORSOS DE OSCAR Y BOSIE, FRENTE A FRENTE.

ESCENA 3

SALÓN DEL HOTEL SAVOY

VARIOS ACTORES VESTIDOS DE CAMAREROS DEL HOTEL SAVOY ARREGLAN LAS MESAS Y SILLAS QUE CONFORMAN EL GRAN SALÓN. LUCEN ÁGILES Y DINÁMICOS EN SUS MOVIMIENTOS, TANTO DE AMBIENTACIÓN COMO DE ATENCIÓN A LOS ASISTENTES. UNA ENORME MESA LA OCUPAN OSCAR Y BOSIE. SE INTEGRAN A LA PAREJA, BASILIO, EL PINTOR, QUIEN SE HA VESTIDO DE GALA Y DOS AMIGOS MAS, HARRIS Y ROSS, VESTIDOS TAMBIÉN DE MANERA FORMAL. LOS CAMAREROS CUBREN LA MESA CON UN MANTEL BLANCO DE HILO, HACIÉNDOLO REVOLOTEAR POR ENCIMA DE LOS ASISTENTES. COLOCAN GRANDES CANDELABROS, A LA VEZ QUE DISTRIBUYEN COPAS REBOSANTES DE CHAMPAÑA. OSCAR SE MUEVE EN TORNO A TODOS, LUCE RADIANTE.

OSCAR —... Hay motivos suficientes para festejar, queridos amigos. Dos de mis obras llenan los teatros más importantes de Londres, tú, Basilio, acabas de concluir una obra maestra, que sin duda alguna dará mucho de qué hablar, y nuestro querido Bosie acaba de ser inmortalizado en un lienzo maravilloso. Los invito a festejar. Nada, excepto los sentidos, puede curar el alma, como tampoco nada, excepto el alma, puede curar los sentidos. Ese es uno de los grandes secretos de la vida: curar el alma por medio de los sentidos, y los sentidos con el alma.

EN LA MEDIDA EN QUE LOS CAMAREROS ENCIENDEN LOS CANDELABROS, LA ILUMINACIÓN ADQUIERE UN TONO DE ESPLENDOROSO.

OSCAR —... La luz de los salones de Londres es maravillosa, como la de los escenarios: hace resplandecer al actor más mediocre, a diferencia de la luz del Sol, sólo adecuada para destacar la inteligencia de los deportistas, lo único interesante que tiene el deporte.

LA LUZ SE ABRILLANTA EN EL ESPACIO. ALFRED OCUPA UN EXTREMO DE LA MESA, OSCAR, QUE SE HA ACERCADO A ÉL.

OSCAR —Querido Bosie, no debes permitir que el Sol oscurezca la blancura de tu piel. Sería muy poco favorecedor.

BOSIE —¿Qué importancia tiene eso, Oscar?

OSCAR (SE MUEVE HACIA EL OTRO EXTREMO DE LA MESA, QUE HA PERMANECIDO VACÍO) —Toda la importancia del mundo, Alfred.

BOSIE —¿Por qué?

OSCAR —Porque posees lo más maravilloso de la vida: la juventud.

BOSIE —Yo no lo siento así. Necesito madurar, crecer, dejar de ser el niño que he sido hasta ahora. Oscar, contigo veré el mundo de otra manera.

OSCAR (SE SIENTA) —No, no la sientes ahora, porque la tienes, pero, algún día, cuando seas viejo y feo y estés lleno de arrugas, cuando los pensamientos te hayan marcado la frente con sus pliegues y la pasión te haya quemado los labios con sus odiosas hogueras, lo sentirás terriblemente. Ahora, dondequiera que vas, seduces a todo el mundo. ¿Será siempre así? Posees un rostro extraordinariamente hermoso. La belleza es una manifestación del genio. Está, incluso, por encima del genio, puesto que no necesita explicación. El genio se explica por sí mismo, porque no se agota, en cambio la belleza es efímera.

OSCAR SE LEVANTA. MIENTRAS HABLA, SE DESVIS-
TE. LOS CAMAREROS LO AYUDAN A QUITARSE LA
ROPA DE GALA Y VESTIR A LA USANZA ROMANA:
SABANA, A MANERA DE TOGA, QUE CUBRE SU
MÓRBIDA DESNUDEZ.

OSCAR —Es uno de los grandes dones de la naturale-za, como la primavera, o el reflejo en aguas oscuras de esa concha de plata que brilla en el cielo en noches de luna llena. No admite discusión. Tiene un derecho divino de soberanía. Convierte en príncipes a quienes la poseen...

ALFRED RÍE Y COMIENZA A DESVESTIRSE. POCO A POCO COMIENZAN A DESAPARECER TODOS LOS IN-VITADOS, PARA DEJAR SOLOS A OSCAR Y ALFRED.

LA LUZ SE HACE CADA VEZ MÁS ÍNTIMA Y DENSA.

OSCAR —¿Ríes? Cuando la hayas perdido no son-reirás. La gente dice a veces que la belleza es superfi-cial. Tal vez, sí, pero, al menos, no lo es tanto como el pensamiento. Para mí la belleza es la maravilla de las maravillas. Tan sólo las personas superficiales no juz-gan por las apariencias. El verdadero misterio del mundo es lo visible, no lo que no se ve... Los dioses han sido buenos contigo, pero lo que los dioses dan, también lo quitan, y muy pronto. Sólo dispones de unos pocos años para vivir de verdad, con plenitud. Cuando se te acabe la juventud desaparecerá la belle-za, y entonces descubrirás de repente que ya no te quedan más triunfos, y tendrás que contentarte con unos triunfos insignificantes, que el recuerdo de tu pasado esplendor hará tan amargos como las derrotas. Cada mes que expira te acerca un poco más a algo te-rrible. El tiempo lucha contra sus lirios y sus rosas, porque tiene celos de ellos...

ESCENA 4

HOTEL SAVOY, HABITACIÓN

CON TOTAL CONTINUIDAD DEL DISCURSO DE OS-
CAR, TODOS LOS ASISTENTES DESAPARECEN. EL ES-
PACIO SE HA CONVERTIDO EN UNA LUJOSA HABI-
TACIÓN DEL HOTEL. LAS CAMARERAS COLOCAN
ALMOHADAS Y SÁBANAS SOBRE LA MESA, CON-
VERTIDA AHORA EN CAMA. OSCAR Y BOSIE, AYU-
DADOS POR LOS CAMAREROS, SE HAN DESNUDADO.
OSCAR SE HA VESTIDO A LA USANZA ROMANA, PE-
LO RIZADO, INCLUIDO. DEAMBULA COMO SI LO
HICIERA EN UN SENADO. BASILIO COMIENZA A
VESTIRSE EN PENUMBRAS, AYUDADO POR UN CA-
MARERO, COMO QUEENSBURRY (PADRE DE BOSIE).
SE SIENTA A LA MESA DE UN PALCO DEL SALÓN,
COLOCADA EN UN EXTREMO DEL ESPACIO ESCÉNI-
CO. ES ATENDIDO PRUDENCIALMENTE POR EL CA-
MARERO..

OSCAR (MIENTRAS SE DESVISTE Y CARACTERIZA)
—No despilfarres el oro de tus días escuchando a gente aburrida, tratando de redimir a los fracasados sin
esperanza, ni entregando tu vida a los ignorantes, a los
anodinos y a los vulgares. Ésos son los objetivos en-
fermizos, las falsas ideas de nuestra época. ¡Viva la

vida maravillosa que te pertenece! No dejes que nada se pierda. Debes estar siempre en la búsqueda de nuevas sensaciones. Dada tu personalidad y tu belleza, no hay nada que no puedas hacer. El mundo te pertenece durante un solo lapso, corto, y más corto aun en la medida en que lo ves a la distancia del tiempo. (SE DIRIGE A LA CAMA, DONDE SE ENCUENTRA ALFRED Y LO TOMA POR EL CUELLO Y LO BESA CON SUAVIDAD) En el mismo momento en que te vi, comprendí que no te dabas cuenta en absoluto de lo que realmente eres, de lo que realmente puedes ser. Las flores sencillas del campo se marchitan, pero florecen de nuevo, pero nosotros nunca recuperamos nuestra juventud. El pulso alegre que late en nosotros cuando tenemos veinte años se vuelve perezoso con el paso del tiempo. Nos fallan las extremidades, nuestros sentidos se deterioran. Nos convertimos en espantosas marionetas, obsesionados por el recuerdo de las pasiones que nos asustaron, y el de las exquisitas tentaciones a las que no tuvimos el valor de sucumbir. ¡Juventud! ¡No hay absolutamente nada en el mundo excepto la juventud!

BOSIE (SE ACERCA A OSCAR, POR ENCIMA DE LA CAMA) —Me alegro de haberte conocido, Oscar. Me pregunto si soy tan afortunado como para merecer tu amistad para siempre.

OSCAR (SE LEVANTA) —Me estremezco cuando oigo esa palabra. Las mujeres echan a perder todas las historias de amor intentando que duren para siempre. Es una palabra sin sentido. La única diferencia entre un capricho y una pasión para toda la vida, es que el capricho dura más.

BOSIE (SE LEVANTA Y CAMINA HACIA OSCAR) —En ese caso, brindemos porque nuestra amistad no sea un capricho.

EN UN ARREBATO MOMENTÁNEO, BOSIE DEJA LA COPA A UN LADO Y BESA DESENFRENADAMENTE A OSCAR. LUEGO, SE APARTA.

BOSIE —Me haré viejo, horrible, espantoso. Pero el cuadro siempre será joven. Nunca dejará atrás este día de junio. Yo, al contrario, transitaré por cada uno de mis días, hasta hacerme viejo... ¡Si fuese al revés! ¡Si yo me conservase siempre joven y el retrato envejeciera! ¡Daría cualquier cosa por eso! ¡Daría el alma!

OSCAR —El Alma es el único tesoro que le queda al cuerpo luego de perder la juventud.

BOSIE —Pero ella permanecerá en el retrato...

LUZ SOBRE BASILIO-QUEENSBURRY.

BASILIO —Pero en ti, por el contrario, desparecerá.

OSCAR, MIENTRAS HABLA QUEENSBURRY, Y COMO REACCIÓN A SU PRESENCIA, SE COMIENZA A VESTIR DE MANERA FORMAL.

BASILIO —Luego de haberte pintado, sentí un temor inexplicable al pensar que el brillo de tu rostro, que tanto me cautivaba, algún día se marchitaría. Mientras contemplaba fijamente la imagen de tu belleza, para reproducirla en el lienzo, no era exactamente tu rostro lo que calcaba y transmitía a la tela a través de los pinceles, era la claridad fulgurante de la verdad que encierra tu alma. Si algún día tu rostro se llegase a marchitar, tus ojos llegaran a perder su color y su brillo, la armonía de tu figura se quebrantará y desaparecerá también el rojo escarlata de tus labios y el oro de tus cabellos. Te convertirías en un ser horrible, odioso, grotesco. Al pensar en ello, un dolor muy agudo me atravesó como un cuchillo, y sentí como una mano de hielo se posaba sobre mi corazón. (BRUSCAMENTE, Y, AHORA, SI, EN QUEENSBURRY) Llegaré a negar ser el autor de tal monstruosidad... negaré ser tu padre, porque estaré seguro de no serlo...

BOSIE (SOBERBIO) —No será el cuadro el que sufra esa transformación. Por desgracia seré yo el que la padezca. ¿Por qué ha de conservar mi retrato lo que yo voy a perder? Cada momento que pasa me quita algo para dárselo a él. ¿Por qué no es al revés? ¿Por qué no es el cuadro el que cambie para que yo me mantenga siempre como soy ahora?

QUEENSBURRY SACA UN REVOLVER DEL ABRIGO Y APUNTA HACIA OSCAR.

QUEENSBURRY (A OSCAR) —Esto es obra suya, Señor Wilde.

OSCAR (YA VESTIDO) —El es el verdadero Alfred Douglas.

QUEENSBURRY (ENFURECIDO) —No lo es. Deberías haberte marchado cuando te lo pedí. No debí concluir nunca esa obra. Lo mejor que puedo hacer con ella es destruirla.

APUNTA HACIA BOSIE. APARECE LA SEÑORA QUE-
ENSBURRY, MADRE DE BOSIE, TOMA EL ARMA QUE
PORTA EL MARQUÉS. ESTE, FURIOSO, SALE DE ESCE-
NA. LA SEÑORA QUEENSBURRY, DESCONCERTADA,
APUNTA HACIA OSCAR, LUEGO HACIA SU HIJO.

ESCENA 5

CASA DE LOS QUEENSBURRY

OSCAR (SERENO) —¡No, señora Queensburry, no lo haga! Su hijo no es culpable de la adoración que motiva. ¡Sería un asesinato! En ese cuadro está encerrado lo más maravilloso que tiene un ser humano, su alma.

SEÑORA QUEENSBURRY (SONRÍE) —En realidad, Señor Wilde, jamás lo haría...

> BOSIE SALE. LA SEÑORA QUEENSBURRY DEJA EL ARMA SOBRE LA MESA DEL SALÓN. ELLA, AUNQUE REFINADA, SE EXPRESA CON NATURALIDAD.

SEÑORA QUEENSBURRY —... Me aterrorizan las armas de fuego, en la misma medida que en el padre de mis hijos, el Marqués de Queensburry, las usa para imponer sus ideas...

OSCAR —Es usted una dama excepcional, señora Queensburry. Además, muy hermosa.

SEÑORA QUEENSBURRY —Gracias, señor Wilde, pero no creo que mis encantos tengan significación alguna a lado de su gentileza. Es ella la que lo mueve a Usted a ver en mi eso que estoy lejos de tener.

OSCAR —Su sencillez la hace más encantadora aun. Sería una excelente compañía para mi esposa, me gustaría que usted la conociera, al igual que a mis hijos. ¿Estaría dispuesta a visitarnos algún día?

SEÑORA QUEENSBURRY —¡Cuando usted lo disponga, señor Wilde! (CAMBIANDO ASTUTAMENTE EL TEMA) ¿Tiene dos hijos?

OSCAR —Hermosos y traviesos, como todos los niños de su edad. (RECALCA) Mi esposa, a veces, le cuesta someterlos, aunque, tampoco nos gusta hacerlo. Nos hemos esmerado en que ellos actúen con libertad.

SEÑORA QUEENSBURRY (CON UNA LEVE SONRISA, QUE LEJOS DE CONFIRMAR LO QUE DICE, LO NIEGA) —Es usted muy familiar, según aprecio, señor Wilde.

OSCAR —No hay nada que me haga más feliz que compartir con mi esposa y mis hijos.

SEÑORA QUEENSBURRY —Hoy en día, creo que es lo más adecuado para ellos. La juventud está enfrentando tiempos difíciles, ¿no lo cree usted así?

OSCAR —Es cierto. El que sean sustituidos los coches a caballos por vehículos a base de combustible, y comer alimentos enlatados, no va a resultar adecuado para su educación. Hay que ver estos adelantos finiseculares con cuidado, no temerles, por supuesto...

SEÑORA QUEENSBURRY (AHORA, SÍ, REALMENTE PREOCUPADA) —No me refiero a los vehículos a combustible, ni a los alimentos enlatados. Tampoco a nada que tenga que ver con esta Revolución Industrial que llaman ahora, ni con los análisis mentales a los que se han dado algunas personas de nuestra sociedad...

OSCAR —¿A qué se refiere, entonces, Señora Queensburry?

SEÑORA QUEENSBURRY —A pesar de mi condición y crianza, señor Wilde, no soy una mujer anticuada. Yo he permitido que mis hijos hagan sus vidas como mejor lo crean conveniente, pero esto me asusta. Cuando obtuve el divorcio de mi marido —usted, como todo el mundo, conoció los pormenores— fue un escándalo terrible...

OSCAR —Sí, desde luego.

SEÑORA QUEENSBURRY —No me importaron las murmuraciones, ni el separarme de mi esposo, el padre de mis hijos, pero, sí, ellos. Mi familia se opuso a la idea de una separación legal, pero yo me impuse. Bosie era aún un niño, y yo quedé sola a cargo de su educación. Por eso, a veces, temo no haberlo hecho lo mejor posible.

OSCAR —A lo mejor, sí, Señora Queensburry. Su hijo, Bosie, es encantador, supongo que sus otros dos hijos también lo son...

SEÑORA QUEENSBURRY —Trato, al menos, de educarlos con probidad. Lamentablemente, los ejemplos que les da su padre no son los más adecuados. (TR) ¿Me perdona, Señor Wilde que le hable con franqueza?

OSCAR —Me conmueve la confianza que usted deposita en mi, señora Queensburry, y la sinceridad con la que me habla.

SEÑORA QUEENSBURRY (AL GRANO, CATEGÓRICA) —También deseo que usted lo tenga conmigo, señor Wilde.

OSCAR (DISIMULA LA SORPRESA) —¿A qué se refiere?

SEÑORA QUEENSBURRY (AL GRANO) —¿Cómo ve usted a mi hijo? Estoy al tanto de la gran amistad que existe entre usted y él. Me enorgullece que Alfred pueda disfrutar tanto de su compañía como de sus enormes conocimientos. (TR)Tengo entendido que es usted graduado en Oxford, con grandes honores...

OSCAR —Por supuesto... pero aún no logro entender lo que quiere decirme.

SEÑORA QUEENSBURRY —Alfred es un muchacho muy impresionable. (SONRÍE) Le voy a confesar que es algo libertino. Espero no cometer una imprudencia por lo que digo, por lo que le suplicaría que lo guarde en el más estricto secreto.

OSCAR —Desde luego, señora.

SEÑORA QUEENSBURRY —A mi hijo le disgusta someterse a cualquier tipo de disciplina. Lamento tener que decirlo, pero, a la vez, me enorgullece, porque es el de los tres, el que más se parece a mí. Por eso lo conozco. Es terco. Mientras no había alcanzado la mayoría de edad, no me preocupaba. Simplemente, lo veía como un muchacho despierto, desprendido, algo desorientado y ajeno a los rigores que su padre trataba de imponerle, sin éxito alguno, desde luego. Puedo decirle que, adicionalmente, es derrochador. No le importa el dinero, pero lo necesita como el aire para respirar. Las asignaciones mensuales que le corresponden por parte de su padre, las gasta con una rapidez inusitada. Con frecuencia acude a mí para que le dé dinero adicional para cubrir los gastos extraordinarios, que siempre han sido muchos, aunque (CON INTENCIÓN) últimamente, se han visto incrementados. Le he tratado de convencer para que acepte que yo use mis influencias para que le asignen algún cargo diplomático en la India, también podría ser en Egipto, si él quisiera, pero se ha negado categóricamente. Dice que un cargo de esa naturaleza, le impediría las libertades de las que goza en la actualidad.

OSCAR —¿Y usted considera que esa actitud le podría resultar perjudicial?

SEÑORA QUEENSBURRY —Podría decirle que sí, Señor Wilde...

OSCAR —Yo, por el contrario, creo que su hijo ha encontrado una verdadera razón de vida.

SEÑORA QUEENSBURRY (ASOMBRADA, CON LIGERO ASOMO DE REPROCHE) —¿Está usted de acuerdo con el ocio, el derroche y la vida disipada?

OSCAR —No, mi querida señora. Pero tampoco creo que su hijo sufra de tales males. No digo que el placer se relacione con algo tan bochornoso como el ocio, pero tampoco debe serlo con el trabajo rudo. Es la creatividad la que agudiza el entendimiento y fortalece la razón.

SEÑORA QUEENSBURRY —¿Y el derroche, señor Wilde, y la vida disipada?

OSCAR —Desde luego, señora, no comparto tales acciones.

LADY QUEENSBURRY —¿Es cierto que usted se refiere al trabajo como algo absolutamente innecesario?

OSCAR (SONRÍE, FINGIENDO INDIFERENCIA) —Lo digo con respecto al trabajo rutinario. El hombre de hoy, y también las mujeres, naturalmente, deberían esforzarse cada vez menos en trabajar. Permitir que las máquinas, cada vez más avanzadas, lo hagan, para que ellos, o ellas, puedan dedicarse a actividades menos esforzadas físicamente, y así, cultivar la personalidad. Me refiero al trabajo que realiza la gente común, y su hijo, usted lo sabe muy bien, no pertenece a esa categoría de personalidades. Ese tipo de labor reniega de su intelecto. Señora Queensburry, trate de comprender a su hijo, de llegar a su alma, y encontrará que es un ser único e irrepetible.

SEÑORA QUEENSBURRY —Sí, claro, yo también lo creo así (SE MUEVE EN TORNO A OSCAR) ¿Y del matrimonio, señor Wilde? Ha dicho usted que el único encanto que exige es la práctica del engaño.

OSCAR (SONRÍE, RESTÁNDOLE IMPORTANCIA A SUS PROPIAS PALABRAS) —Eso sucede en parejas que, lejos del amor, las une el interés. En nuestra sociedad, eso es frecuente. No es mi caso, desde luego... (AMPLIA SONRISA, PARA DAR POR CONCLUIDA LA CONVERSACIÓN) ¿Aceptaría, entonces, mi invitación de conocer a mi familia?

LADY QUEENSBURRY —Con todo gusto, señor Wilde...

OSCAR —Será un honor para nosotros que pueda acompañarnos al teatro la próxima semana. Se estrena *"La Importancia de Llamarse Ernesto"*, mi última pieza.

SEÑORA QUEENSBURRY —Nadie en Londres habla de otra cosa. Es usted realmente famoso, señor Wilde.

OSCAR —Podría decirle que, lamentablemente... sí. El éxito trae consiguió enormes obligaciones. (SUSPIRA) ¡Espero poderlas cumplir!

SONRÍEN, GALANTES.

LA LUZ DECRECE.

ENTRAN OTROS ACTORES, VESTIDOS DE CAMARE-
ROS Y CAMARERAS DEL HOTEL SAVOY. LA SEÑORA
QUEENSBURRY SE APLICA UNOS CUANTOS ELE-
MENTOS Y QUEDA CONVERTIDA TAMBIÉN EN CA-
MARERA. UNO DE LOS CAMAREROS LE COLOCA A
OSCAR UNA CAPA Y LE ENTREGA GUANTES Y
BASTÓN, OTRO LE HACE ENTREGA DE UN SOMBRE-
RO DE COPA. QUEDA VESTIDO COMO UN DANDY
VICTORIANO. ENTRA TAMBIÉN ALFRED DOUGLAS,
DE RIGUROSA GALA, PERO DE COLORES CLAROS.
TAMBIÉN LO HACEN LOS ACTORES QUE INTERPRE-
TAN A FRANK HARRIS Y ROBERT ROSS. APARTE DE
ELLOS, ENTRAN DOS MUCHACHOS NO MAYORES DE
25 AÑOS, DE MARCADA VIRILIDAD. SU VESTIMENTA
INFORMAL CONTRASTA NOTABLEMENTE CON LOS
QUE LO ESTÁN DE MANERA RIGUROSA.

ESCENA 6

HOTEL SAVOY. SALÓN PRIVADO

A LA VEZ QUE LOS ACTORES ENTRAN Y DESARRO-
LLAN LA ESCENA, LOS CAMAREROS ARREGLAN LOS
BANCOS DE MANERA DE FORMAR UN GRAN SALÓN.
SIMULTÁNEAMENTE, ATIENDEN A LOS INVITADOS,
QUE CELEBRAN EL ESTRENO DE LA ÚLTIMA PIEZA
DE OSCAR "LA IMPORTANCIA DE LLAMARSE ERNES-
TO". A PESAR DE QUE LOS CAMAREROS ATIENDEN A
LOS MUCHACHOS DE ASPECTO BARRIOBAJERO, LA
PRESENCIA DE ELLOS NO DEJA DE PROVOCARLES
CIERTA RETICENCIA.

DESDE EL PRINCIPIO DE LA ESCENA, WILDE, MIEN-
TRAS HABLA, SE DESPOJA DE SUS ROPAS, QUE SON
TOMADAS POR UN CAMARERO, DE QUIEN, A SU
VEZ, ALFRED LAS TOMA PARA COLOCÁRSELAS ÉL.
WILDE QUEDARÁ EN CHALECO, MIENTRAS QUE BO-
SIE TERMINARÁ DE RIGUROSA ETIQUETA CON LA
ROPA DE WILDE.

TODOS SE SIENTAN A LA MESA, A EXCEPCIÓN DE
OSCAR, QUE SE MUEVE ENTORNO A TODOS. LOS
CAMAREROS SIRVEN CHAMPAÑA. TODOS BEBEN
CON AVIDEZ Y EBRIA FELICIDAD. OSCAR COLOCA

UN CIGARRILLO EN UNA PITILLERA DE ORO, UN CAMARERO LO ENCIENDE.

ROSS (SIMULTÁNEAMENTE A LA TRANSICIÓN) —¿De dónde sacas esas ideas tan brillantes para tus obras, Oscar. *"La Importancia de llamarse Ernesto"*, más que una comedia delirante, es un maravilloso drama, que casi conviertes en tragedia, si no fuera por la gracia inusitada de sus parlamentos...

OSCAR —Como la vida. A veces convertimos nuestra vida, que bien podría ser una deliciosa comedia, en una cruel y lamentable tragedia. Yo espero, amigos, poder escribir obras mejores que ésta. No niego que, en efecto, sea buena, incluso, por momentos, excelente, pero, no me siento satisfecho. Tampoco estoy de acuerdo con los críticos que me atacan, como tampoco con el público que delira con todo lo que hago. Ambas cosas son perniciosas. Lo primero indica la lamentable situación de quienes han encontrado en los tabloides de Londres refugio para su pobreza intelectual, y, la segunda, la poca profundidad de nuestra sociedad.

FRANK HARRIS —Bernard Shaw reía en los momentos dramáticos, y casi lloraba en los cómicos...

OSCAR —Porque es un hombre inteligente.

BOSIE —Hasta el momento, no había quien superara sus obras, era el escritor más encumbrado de Londres, pero, con esta pieza, lo has logrado.

FRANK HARRIS —Desnudas a la gente. Eso no te lo perdonarán, a pesar de que te lo celebren con risas y aplausos. Tus personajes tienen nombre y apellido en la vida real, aunque en el escenario se llamen de otra manera. ¿De dónde los sacas?

OSCAR —Del mapa de Inglaterra (RÍE) Abro el mapa, y deslizo el dedo sobre los sitios más renombrados. Allí aparecen ellos: Windermere, Canterville...

FRANK HARRIS —Por eso los reconocen con tanta facilidad. Muchos no deben sentirse cómodos con tu éxito...

OSCAR —El éxito es una planta que crece lentamente en Inglaterra. La sociedad que admira el talento político y venera la habilidad de hacer fortuna, desprecia el genio, pero valora en exceso la habilidad de un contable de banca. (SE DIRIGE A UNO DE LOS MUCHACHOS QUE LOS ACOMPAÑAN) En este país son tan importantes las influencias, que quienes no tengan de ayuda un nacimiento ilustre, o riqueza de familia, su desigualdad, en lugar de ser moderada por las leyes, se ve reforzada por las distinciones sociales. (LO BESA CON AFECTO).

HARRIS —Aquí, las personas no perdonan las injurias, pero, en cambio, contigo, las celebran a carcajadas. Conviertes el escenario en un espejo.

OSCAR —No es mi intención hacer que la vida se parezca a las obras que escribo. Yo no calco la realidad, la realidad termina pareciéndose a lo que yo escribo. Es la vida que termina imitando al arte. El arte trata de buscar la verdad para exponerla, y hacerla pública, la vida, por el contrario, la oculta. Con la desnudez llegamos a la esencia de las cosas. Por eso La obra de arte se hace imperecedera, eterna. En la vida pasa lo contrario. (SE ACERCA A HARRIS) Cuando algo o alguien alcanza la belleza plena, comienza a deteriorarse, para acercarse cada vez más a la muerte. Por eso, mi querido Frank (LO BESA CON SUAVIDAD EN LOS LABIOS) en la juventud está la esencia de lo bello, de lo hermoso, de la plenitud de la vida. ¿Cómo hacer para que esa juventud nunca deje de serlo? Ese es el gran misterio de la existencia. La vida, al igual que la naturaleza, que se repite constantemente, termina por matarse a sí misma. La flor del Narciso es tan bella como una obra de arte, por eso, lo que la distingue, no puede ser la belleza. ¿Saben ustedes qué es lo que la hace diferente?

ALFRED TOMA DE ALGÚN LADO UN PEQUEÑO COFRE DE RAPE E INHALA UN POCO, LO GUARDA EN EL BOLSILLO DE SU CHALECO. LUEGO TOMA UNA COPA QUE LE OFRECE UN CAMARERO EN UNA BANDEJA DE PLATA, Y BEBE. SIGUE VISTIÉNDOSE.

OSCAR —... que, a diferencia de una obra de arte, no es única. La naturaleza no hace nada perdurable, se repite siempre, a fin de que nada de lo que ella hace se pierda. Hay muchas flores de Narciso. He ahí por qué cada una de ellas vive tan solo un día. Cada vez que la naturaleza inventa una forma nueva, la repite enseguida.

BOSIE (INTEGRÁNDOSE A LA CONVERSACIÓN) —No había espacio para un solo coche más. La platea reventaba con lo más selecto de Londres.

ROSS —Nunca antes había oído un aplauso tan entusiasta en un público inglés.

OSCAR (DIVERTIDO) —Para no darse por aludido.

FRANK HARRIS —¿No temes que puedas ser hiriente y hasta ofensivo con ellos?

OSCAR —En un espectáculo teatral, no solo la chochera debe quedar llena de estiércol. (EN PERFECTO FRANCÉS) "la merde de les chevaux". También el escenario debe dar fe de la peste en la que están inmersos los personajes de la pieza. (SEVERO) Vivimos en una sociedad hipócrita, Frank, a veces miserable, que oculta sus miserias con modales refinados. El teatro debe hacérselo saber. Por desgracia, no siempre es así. Esta noche, por ejemplo, los actores de mi obra estuvieron tan mal que el público no dejaba de aplaudirlos. Este país seguirá erguido sobre la mentira de los ingleses. Tu padre, Alfred, el pobre Marqués de Queensburry, con su inexplicable odio hacia mí, tal vez, en su brutalidad, sea el único que ha logrado detectar el peligro que represento para todos. Por eso me ataca con tanta saña.

ALFRED —Lo hace por nuestra amistad, Oscar. Tiene celos de ti, pero no podrá hacer nada en tu contra. Tú eres indestructible. No deberías preocuparte por él.

OSCAR —No puedo evitar hacerlo.

OSCAR —¿Qué es lo que te preocupa de él?

WILDE CAMINA HACIA ALFRED Y LO TOMA POR LAS MEJILLAS

OSCAR —Tú, Alfred. No quiero que nada te perjudique. No le temo por mí, sino por ti.

LO BESA EN LOS LABIOS CON DULZURA. HARRIS SE RETIRA PRUDENTEMENTE, SIN OCULTAR SU INCOMODIDAD. ENTRA ANDRÉ GIDE, VESTIDO TAMBIÉN FORMALMENTE. TRAE VARIOS PERIÓDICOS, QUE YA, A ESA HORA DE LA MADRUGADA, HAN COMENZADO A CIRCULAR PÚBLICAMENTE.

GIDE (TRIUNFAL) —En Londres nunca antes se había visto un éxito teatral tan extraordinario como el de esta noche. Hasta los críticos que más te odian, Oscar, han tenido que reconocer la calidad de *"La importancia de llamarse Ernesto"*. Coinciden en que es una de las piezas mejor escritas de todos los tiempos en Inglaterra... Te comparan con Shakespeare... Oigan lo que escribe Donald Harrison... (LEE) *La pieza es una comedia deliciosa. A pesar de la ligereza, a la que el Wilde nos tiene acostumbrados* (COMENTA) no dejar de soltar su veneno, *estremece en su profundidad y alto nivel literario. Sor-*

prende la fluidez de los diálogos, las encantadoras parábolas resultan exquisitas. Los actores no pudieron haberlo hecho mejor. La señorita Gendoling, etc., etc., habla maravilla de la Gendoling Stone, de sus grandes dotes. Escuchen: *"A la altura de las más grandes divas del mundo".* (REVISA RÁPIDAMENTE OTROS EJEMPLARES) Oscar, te has convertido en el autor del momento. Luckas Mc Donald, oigan: (LEE) *Una obra extraordinaria. No es de extrañar que pronto veamos el nombre de Oscar Wilde en todas la marquesinas teatrales del mundo: de Berlín, Paris, Nueva York...*

OSCAR —¿Y qué dicen de mi en el Herald?

GIDE (BUSCA Y LEE) —Oscar Wilde, el fantoche, persiste en su morbosa costumbre de presentar piezas mediocres, tan mal escritas, como grande es su pedantería y engreimiento...

OSCAR (RÍE, REALMENTE DIVERTIDO) —Esa es la que van a leer todos en Londres, y será también la que más público lleve al teatro. Los comentarios buenos no interesan a nadie, porque nadie los cree. En cambio, los malos, gozan de gran popularidad, y esos, queridos amigos, son los que me han hecho famoso. Hubiese querido que fuera por mis méritos, pero, no. Soy conocido gracias a mis detractores. Escriben, por fortuna, en los periódicos que más se venden.

HARRIS —Luego de esta pieza, ¿qué vas a hacer, Oscar?

OSCAR —Escribir una pieza que se asoma al éxito me hace pensar que estoy escribiendo para el gusto de la gente. Eso no es difícil. Lo que sí lo es, es hacerlos pensar. La risa y los aplausos no son señales de calidad. Una verdadera obra de arte resulta incompresible para la gente común. Quisiera que mis obras los trascendieran a ellos. Sus risas son tan falsas como ellos mismos. Me sentiré el autor teatral más feliz del mundo el día en el que pueda escribir piezas teatrales, no para que las condenen esos vejestorios (POR LOS MUCHACHOS PRESENTES Y QUE HAN PERMANECIDO A LA EXPECTATIVA) sino para que estos muchachos las puedan comprender. (A UNO DE ELLOS) ¿Has ido alguna vez al teatro?

MUCHACHO —Nunca, señor, me gustaría ser actor... o cantante. Usted me puede ayudar.

OSCAR —Con toda seguridad. Ahora intentemos un brindis por el éxito de esta noche, y porque están ustedes tres esta noche con nosotros...

ALFRED HA TERMINADO DE VESTIRSE CON LAS PIEZAS DE COLOR NEGRO DE WILDE. SE COLOCA EL SOMBRERO DE COPA Y SE MIRA EN EL ESPEJO FIGURADO, DONDE ESTABA SU RETRATO. DA UN GIRO. QUE LA CAPA REGISTRA CON GRACIA Y REVUELO. TOMA EL BASTÓN DE OSCAR, Y SE DISPONE A SALIR

OSCAR (SORPRENDIDO) —¿Te vas, Alfred? ¿No te quedas a hacerme compañía esta noche? Hoy es uno de los días más importantes de mi vida...

BOSIE —Por eso estuve a tu lado todo el tiempo. Estuviste glorioso. Aunque siento que parte de ese éxito tuyo me pertenece un poco, es todo tuyo, Oscar. Te dejo, para que lo disfrutes a tu gusto.

OSCAR —El éxito te lo debo a ti, Bosie. Tú eres la única persona con la que lo quiero compartir.

ALFRED EXTRAE DEL BOLSILLO DE SU CHALECO EL PEQUEÑO COFRE DE PLATA QUE CONTIENE RAPÉ.

ALFRED —Londres hoy se rindió hoy a tus pies, y lo seguirá haciendo, noche tras noche. En todas yo estaré contigo. (INHALA RAPÉ Y GUARDA EL ENVASE EN SU BOLSILLO. A TODOS, CON GESTO DE GRAN TEATRALIDAD) Señores, deseo que disfruten. La noche aún es larga, y la gente luce feliz, *"debe ser porque la reina duerme"* (OSCAR SE RÍE) ¿Sonríes, Oscar? Así debes estar esta noche, como la noche misma: radiante, feliz. Es tu noche, la noche de un gran artista.

LO BESA EN LOS LABIOS, Y SALE, NO SIN ANTES SONREÍR AL COLECTIVO, Y REVOLOTEAR LA CAPA EN SU SALIDA. OSCAR QUEDA DESOLADO.

OSCAR (SONRÍE CON AMARGURA) —*"La gente luce feliz esta noche, debe ser porque la reina duerme"*... Eso lo dije un día, y le causó mucha gracia. Desde entonces, no deja de recordármelo... Es un chiste que tenemos en privado.

HARRIS (SIRVIENDO UN PAR DE COPAS, TRATANDO DE AGRADAR A OSCAR) —¿Estás seguro de que la reina duerme? *"Las sábanas abrazan sus piernas sedientas, y sus brazos el cuerpo del joven que se sumerge en sus entrañas"*...

OSCAR (SIN PRESTARLE ATENCIÓN A HARRIS) —¿Cómo puede nublarse de pronto una noche que, aún siendo oscura, lucía esplendorosa y llena de luz? Es como si la luna, caprichosa y cambiante, se hubiese cubierto con un velo negro de pesar. No la soporto, Harris. Cuando sentía los aplausos del público no dejaba de pensar en Bosie, ahora, que no está, esos aplausos no tienen ningún sentido para mí...

LE ENTREGA LA COPA, Y SE DIRIGE AL MUCHACHO 2.

OSCAR —¿Cómo te llamas?

MUCHACHO 2 —Benjamín, señor...

OSCAR —¿Te importaría llamarme Oscar?

MUCHACHO 2 —No. señor, lo puedo llamar como usted quiera.

OSCAR —Ven, entonces, a hacerme compañía. En realidad, quiero estar solo.

MUCHACHO 2 —Entonces, ¿para qué le podría servir, señor?

OSCAR —Para contemplar tu hermosura. Vamos. Harris, André, Robert, pueden quedarse hasta la hora que deseen.

SALE, HACIENDO QUE EL MUCHACHO LO HAGA DELANTE DE ÉL. ESTE LO HACE, SIN DEJAR DE MI-RAR A SU COMPAÑERO.

HARRIS SE DIRIGE AL PALCO, DONDE HAY UNOS PAPELES. SE SIENTA, Y PARECE QUE CONVERSARA CON LOS DEMÁS, O PARA SI MISMO, PERO, EN REA-LIDAD, SE DIRIGE AL PÚBLICO).

HARRIS —... Un día me dijo: "Me asusta, Frank, tanto como me atrae. He tratado de evitarlo, pero él no ceja, me busca obstinadamente. Me induce a gastos excesi-vos, que exceden en mucho a mis propios medios, y yo acabo siempre por ceder...

LA LUZ SE CONCENTRA EN HARRIS. EL RESTO DE LA ESCENA PERMANECE EN PENUMBRAS, PARA DEJAR A ROSS Y A GIDE QUE LO MIRAN EXPECTANTES. EL MUCHACHO 1 REVISA EN EL MOBILIARIO EN BUSCA DE ALGO DE VALOR, ENCUENTRA UN RELOJ DE BOLSILLO, LO REVISA Y SE LO GUARDA.

LA LUZ DECRECE, PERO HARRIS PERMANECE LEVE-MENTE ILUMINADO, ESCRIBE.

HARRIS (HABLA, MIENTRAS ESCRIBE) —Jamás pudo darse cuenta hasta qué punto su encuentro con Lord Alfred Douglas había cambiado el mundo para él, y cómo lo había cambiado a él para el mundo.

OSCURO LENTO SOBRE HARRIS.

ESCENA 7

CASA DE OSCAR WILDE EN TITE ST., SALA

AÚN EN OSCURO, ENTRA WILDE, DE CHALECO (O BATA DE CASA, DE SEDA) SEGUIDO POR ALFRED WOOD, CHALECO Y SACO, DE POCA CALIDAD. AUNQUE SE NOTA QUE INTENTÓ VESTIRSE DE LA MEJOR MANERA POSIBLE. SE MUEVE CON SOLTURA.

OSCAR —¿Dice usted que posee cartas mías enviadas al señor Alfred Douglas?

WOOD —Sí, señor Wilde. Estas son unas de ellas.

WOOD EXTRAE DE UNO DE SUS BOLSILLOS ALGUNAS CARTAS, ARRUGADAS Y ALGO SUCIAS. SE LAS ENTREGA A WILDE. ESTE LAS TOMA DETECTANDO EL LAMENTABLE ESTADO EN EL QUE SE ENCUENTRAN.

OSCAR —¿Son todas?

WOOD —No, señor, solo cuatro. En total, son ocho. Aquí están las otras.

WILDE LAS REVISA UNA A UNA, MUY RÁPIDAMENTE. MIENTRAS TANTO, WOOD, CON DESPARPAJO, ABRE UNA BOTELLA DEL SERVICIO DE LICORES Y SE

SIRVE UN POCO DE LICOR, BEBE. REPITE LA OPERA-
CIÓN. OSCAR LO DEJA, SE INTERESA MAS POR EL
CONTENIDO DE LAS CARTAS.

OSCAR —Estas cartas no son escritas por mí. Esta no
es mi letra.

WOOD —Es la letra de quien se encargó de copiarlas.
Puede quedarse con ellas, si lo desea. Las originales se
mantienen a buen resguardo. He pensado que no es
conveniente que anden por ahí, a riesgo de que sean
leídas por personas inescrupulosas.

OSCAR —Aun así, usted las ha leído.

WOOD —No, señor, tan sólo la persona que hizo las
copias. Es evidente que se trata de asuntos privados
entre usted y el Señor Alfred Douglas. Y sólo usted
sabe el valor que tienen.

OSCAR —Sí, en efecto, son verdaderas obras de arte.

WOOD —Me alegro que lo piense, señor Wilde. Estoy
dispuesto a entregárselas por un precio razonable.

OSCAR —Dígame, ¿cómo fueron a parar a sus manos?

WOOD —Estaban en los bolsillos de unos trajes que el
señor Alfred Douglas me regaló.

OSCAR —¿Cómo conoció usted al señor Douglas?

WOOD —En el muelle, Señor. Él acostumbra a ir,
siempre de noche. Busca muchachos para llevarlos a
hoteles y sitios así. A mí me llevó a su casa.

OSCAR —¿Y qué es lo que desea por estas cartas?

WOOD —No mucho, señor, si usted las desea, yo podría entregárselas por, digamos...

OSCAR —Por nada, estimado amigo. Puede quedarse con los originales. Para mí, estas copias son suficientes. No tengo la costumbre de hacer y guardar copias de las cartas que envío, y ustedes me han hecho el favor de hacerlo por mí. Les estoy muy agradecido. Tome estas dos libras por haberse tomado la molestia. Eso cubre tal vez el valor de las copias, y, desde luego, algo más. Es evidente que quien las hizo es muy poco instruido.

WOOD —Hay alguien Interesado en pagar sesenta libras por los originales, señor.

OSCAR (SORPRENDIDO GRATAMENTE) —En ese caso, ¡véndalas! Me alegra saber que alguien está dispuesto a pagar sesenta libras por unas cuantas cartas mías. Eso es mucho más de lo que me pagan mis editores.

WOOD —¿Y usted, señor, no está dispuesto a pagarlas?

OSCAR —De ninguna manera. Ya le dije: las copias son suficientes para mí.

WOOD —Pero... señor Wilde. Esos originales podrían perjudicarle si llegan a ser del dominio público.

OSCAR —Por el contrario, yo mismo me encargaré de que lo sean. (ESCOGE UNA DE LAS CARTAS)... Esta, por ejemplo, la voy a convertir en un hermoso soneto... En cuanto a los originales, le recomiendo que los conserve. Con el tiempo, con toda seguridad, cobrarán mucho más valor del que tienen ahora. Y, ahora, si me disculpa, creo que ya no tenemos nada más que tratar... (LLAMA) ¡Jerónimo!

APARECE JERÓNIMO

JERÓNIMO —¡Ordene usted, señor!

OSCAR —Acompañe al señor a la puerta, (A WOOD) ¡Que tenga usted muy buenas tardes!

OSCAR SE REPLIEGA A ALGÚN LADO A REVISAR LAS CARTAS, TAL VEZ, A ESCRIBIR ALGO RELACIONADO CON ELLAS. JERÓNIMO FLANQUEA LA SALIDA. WOOD SE DISPONE A SALIR, JERONIMO LE PIDE AL COPA. WOOD SE LA ENTREGA. JERONIMO LA TOMA CON LA PUNTA DE LOS DEDOS, CON RESQUEMOR

JERÓNIMO (A WOOD) —¡Tenga la bondad, señor!

WOOD LO MIRA CONTENIENDO EL DESEO DE DECIR ALGO. SALE.

LA LUZ SE DESVANECE.

EN PENUMBRAS, OSCAR SE SIENTA Y CONTINÚA REVISANDO LAS CARTAS. COMIENZA A ESCRIBIR A PARTIR DE ELLAS. POR EL OTRO LADO APARECE EL

MARQUÉS DE QUEENSBURRY PORTANDO UN ARMA, SEGUIDO POR DOUGLAS. POR MOMENTOS, SE OIRÁ LA VOZ DE WILDE LEYENDO ALGUNA FRASE DEL SONETO QUE ESCRIBE A PARTIR DE LA CARTA QUE LE DIRIGIERA A DOUGLAS.

ESCENA 8

CASA DEL MARQUÉS DE QUEENSBURRY

QUEENSBURRY —No voy a permitir que ese hombre ejerza una influencia nefasta sobre ti. Eres mi hijo, el Cuarto Marqués de Queensburry. El, en cambio, es un advenedizo que busca figuración en la sociedad decente de un país en el que ni siquiera nació. Él es irlandés.

BOSIE —Tampoco puedes vanagloriarte de ser aceptado en sitios de mayor categoría que los clubes de boxeadores a los que eres asiduo. ¿Sabes lo piensa y dice la gente de ti?

OSCAR, (SIMULTÁNEAMENTE, Y DESDE SU SITIO, EN PENUMBRAS)... Mi querido muchacho... Es un portento que esos labios tuyos, rojos como pétalos de rosa, hayan sido hechos tanto para la música o el canto, como para la locura de los besos...

QUEENSBURRY —¿La gentuza de escritores con los que te reúnes? ¿A Wilde o ese tal Bernard Shaw? Esos no son gente, son especuladores de la moral. Te prohíbo que sigas apareciendo en público con ellos.

BOSIE —Yo soy el que te prohíbe que te vuelvas a aparecer en mi vida.

QUEENSBURRY —Eres mi hijo y lo serás hasta que te mueras, o hasta que tú me obligues a usar esta arma, si sigues apareciendo con ese payaso que dice ser artista, que se autoproclama triunfador, porque aplauden y celebran sus estupideces y los insultos que le hace a la gente con la que intenta igualarse con sus poses amaneradas. No quiero verte de nuevo con él.

OSCAR —... *Tu alma, delgada y áurea, camina entre la pasión y la poesía. Eres el Jacinto, el que, en los días griegos, Apolo tan locamente amó... Ven, ven aquí cuando quieras. Solo faltas tú... Siempre, con imperecedero amor, tuyo, Oscar.*

OSCURO SOBRE OSCAR, SALE.

BOSIE —Trata, entonces, de no aparecer en los sitios a los que asistimos. Eso no te será difícil, porque en ningún lado aceptan tu lamentable vulgaridad.

QUEENSBURRY —Tendrán que someterse a la justicia. Voy a denunciar a ese homosexual escandaloso y depravado. Han llegado demasiado lejos, Alfred. Tú, mi propio hijo, ha logrado desacreditarme, hacer que todos hablen de mí.

BOSIE —Hace ya mucho tiempo que tus escándalos avergüenzan a quienes los divulgan. ¿Por qué no usas el tiempo ocioso que tienes en cosas más útiles que promover matones de feria y en caballos que tendrían mejor uso si los dedicaran a pasear niños en los parques infantiles. (AL BORDE DE LA EXASPERACIÓN) ¿Qué pasó por tu mente cuando te presentaste en el teatro la noche del estreno de la mejor de todas las obras que Londres haya visto en su historia teatral, cargando una cesta de verduras, para lanzárselas a Oscar cuando saliera a saludar al público? ¿No te avergüenzas de tu lamentable, ordinaria, paranoica y atormentada condición? (CASI CHILLA) ¡Me tienes harto! estoy cansado de ti, y soy yo el que te prohíbe que sigas entrometiéndote en mi vida y en la de Oscar.

QUEENSBURRY (IGUAL) —¿No te das cuenta de que es la reputación de la familia la que pones en riesgo?

ALFRED —¿De cuál reputación hablas? (GRITA) ¿de cuál? ¿La tuya? Eres famoso por pendenciero y por haber protagonizado los escándalos más sucios de la ciudad. Tu locura no hace más que involucrarte en riñas y peleas callejeras. En el Club Pelican Insultaste a un pobre hombre que gozaba de muy buena reputación, porque era bien parecido. Despertó tu ira y te volviste violento, y lo atacaste, con tan mal tino que el hombre te asestó un puñetazo, que te derribó. Cuando te levantaste dabas lástima, tenías la nariz hinchada, y la camisa manchada de sangre. Cualquier otro hombre más digno que tú, hubiera seguido peleando, o se hubiera ido del club en el acto. Pero, tú, no. Tu impertinencia y tu bravuconería te cegaron, y no supiste qué hacer más que sentarte, y quedarte allí, horas, sin decir palabra, sin percatarte de las burlas de todos. ¿Por qué crees que todos te desprecian? Si algo tienen en mi contra es, precisamente, ser hijo tuyo.

QUEENSBURRY —Por serlo, llevas mis apellidos y los de tu madre. Lamento que estén ahora envueltos en situaciones vinculadas con un hombre que compra los favores sexuales de los muchachos que lleva a los hoteles donde mantiene habitaciones arrendadas y que usa para los fines más bajos y pervertidos imaginables. Un amanerado que frecuenta burdeles de hombres, como el de ese proxeneta llamado Robert Taylor, dedicado a hacer fiestas en las que sólo asisten hombres, artistas y escritores de dudosa y escandalosa reputación. Una sarta de maricones desvergonzados.

BOSIE (EL ODIO NO PODRÍA TENER MAYOR EXPRE-SIÓN VERBAL) —No tienes límite en tu maniática y aberrada estupidez. Lo único que deseas es destruirme. No soportas mi felicidad, porque tú nunca pudiste ofrecérnosla ni a mí, ni a mis hermanos, ni a mi madre, de quien nunca te percataste de lo mucho que la hacías sufrir. Te lo advierto por última vez, padre, y esta es la última vez, también que te llamo de esa manera. La próxima vez que lo haga, será con esta pistola, que estoy dispuesto a usar en tu contra si te interpones de nuevo en mi camino.

BOSIE DISPARA AL TECHO UN TIRO QUE PRODUCE UN FUERTE ESTRUENDO. QUEENSBURRY TAMBIÉN APUNTA A SU HIJO.

QUEENSBURRY —Trata de hacerlo primero que yo, porque tampoco voy a dudar en usar la mía para defender mi honor, y preservarme de la injuria que ese pervertido de Oscar Wilde intenta en mi contra.

BOSIE —Piensa bien a ver quien de verdad lo es. Piensa que mientras a ti te desprecian, a él lo consideran el autor más importante del país, y hasta del mundo, mientras tú resultas ridículo con tus fantochadas y tu maniática agresividad, a él le celebran su elegancia. Mientras tú no dices más que vulgaridades, a Oscar le aplauden su lenguaje y sus obras teatrales. Mientras él gana inmensas sumas de dinero montándolas en las mejores salas de Londres, tú te limitas a derrochar el legado que, a tu miserable muerte, será de tus hijos legítimos, de los cuales, yo, desgraciadamente, soy uno de ellos.

QUEENSBURRY —Prefiero perderlo apostando a los caballos antes de que pase a manos de ustedes. Y en cuanto a la remesa que recibes de mí, no cuentes más con ella.

BOSIE (GRITA) —Soy tu hijo, y tengo derecho a ella

QUEENSBURRY —Mientras fuiste menor de edad. A partir de hoy ni tú, ni tu hermano, ni tu madre, recibirán un solo chelín de mi parte.

BOSIE (FUERA DE SÍ) —¡Cuánto deseo no ser tu hijo! ¡Como quisiera estar seguro de que no fuiste tú quien me engendró en mi madre!

QUEENSBURRY —Tampoco yo lo pondría en duda, conociéndola como la conozco.

BOSIE —¿Y con qué piensas que voy a vivir?

QUEENSBURRY —Mejor que vivir, di derrochar, que es lo que haces con el dinero que recibes de mí. ¡Hasta hoy!

BOSIE —Eres el hombre más miserable y ruin de toda Inglaterra. Mereces morir. Lo único que me impide matarte es el daño que le causaría a mi madre, no por tu muerte, que le alegraría infinitamente, sino porque esté yo involucrado. Eso la haría sufrir enormemente, y ya bastante lo hizo a tu lado, miserable. No puedes imaginarte cuanto te desprecio. Por eso te pido que te apartes de mi camino, y que no intentes molestarme más. Voy a demandarte por todas las calumnias que has levantado en contra mía y de mis amigos. El perjurio es castigado con siete años de cárcel. Tendrás que dar cuenta de todo lo que has dicho. Tus injurias, tus mentiras y tus ofensas se volverán en tu contra, porque cada una de ellas, por separado, constituye un delito, y vas a tener que enfrentarlos todos juntos. Estaré con Oscar hasta el fin de sus días, o de los míos. Si quieres, sí, dispara esa pistola en su contra, pero cuando lo hagas, cuida también de dispararme a mí, porque, si no lo haces, seré yo el que acabe con tu vida. Te lo juro...

INTENTA SALIR, PERO SE DEVUELVE.

BOSIE (FURIOSO) —¡Que patético eres!

SALE. QUEENSBURRY, ENFURECIDO, NO SABE COMO REACCIONAR, LUEGO, POR ÚLTIMO, SE DIRIGE AL ESCRITORIO, ESTRADO DEL JUEZ, Y ESCRIBE UNA NOTA EN UNA TARJETA DE PRESENTACIÓN.

EL CAMBIO DE LUZ PRODUCE AHORA UNA ATMÓS-FERA CALIDA.

ESCENA 9

HABITACIÓN DEL HOTEL SAVOY

ENTRA OSCAR SEGUIDO DE DOS MUCHACHOS RE-
COGIDOS EN ALGÚN MUELLE O CALLEJUELA. POSE-
EN ASPECTO ORDINARIO Y RUSTICO. UNO DE ELLOS,
DE PIEL MORENA ACEITUNADA Y CABELLO RIZADO
ABUNDANTE, EL OTRO, DE PIEL BLANCA ANGELI-
CAL. VISTEN DE MANERA CONVENCIONAL: FRANE-
LAS Y PANTALONES CORTOS QUE EVIDENCIAN SU
EROTISMO.

OSCAR COMIENZA A DESPOJARSE DE SU TRAJE.

OSCAR —He vivido para el placer, evitando el sufrimiento, sentimiento malsano que no entra en mi filo-
sofía ni en mi manera de entender la belleza. Lo convertí en arte a partir de los dones que recibí de los
dioses. El más importante de todos, inteligencia, y,
sobre todo, genio... ¿Saben lo que estoy diciendo?

LOS MUCHACHOS LO MIRAN ESTUPEFACTOS.

MUCHACHO 1 —¿Es aquí dónde usted vive, Señor?

OSCAR —Sí, ¿te gusta? aquí estarás al calor del fuego.
¿Siempre han vivido en la calle?

MUCHACHO 1 —Desde que nos fuimos de la casa.

OSCAR —¿Por qué lo hicieron?

MUCHACHO 1 —Éramos ocho hermanos. Mi madre no tenía como alimentarnos a todos.

OSCAR (AL OTRO MUCHACHO) —¿Y tú, jovencito?

MUCHACHO 2 —Yo vivo con mi madre, tengo que llevarle dinero. ¿Usted nos va a pagar por haber venido?

OSCAR —No te pago por eso. Les voy a dar dinero, más de lo que imaginan. Tomen.

LES ENTREGA UNAS CINCO LIBRAS, (MUCHO).

MUCHACHO 2 —Nosotros no aceptamos esta clase de dinero, señor, sólo chelines.

OSCAR —¿Sabes cuantos chelines hay en cada uno de estos billetes? Se llaman Libras, y cada una vale por cien chelines.

MUCHACHO —¿Cien chelines? Es más de lo que ganamos en meses, señor.

OSCAR —Y ahora los tienes en una sola noche.

MUCHACHO —¿Y qué es lo que debemos hacer para que usted nos dé tanto dinero?

OSCAR —Tan sólo, hacerme compañía

MUCHACHO 1 —Si quiere, nos desnudamos, señor.

OSCAR —Me gustaría verte desnudo.

MUCHACHO 2 —Es lo que hacemos cuando nos buscan en el muelle.

OSCAR —Si no les importa, háganlo.

LOS MUCHACHOS SE DESVISTEN, CON CELERIDAD Y SIN MAYOR ENTUSIASMO. SE NOTA SU COSTUMBRE DE HACERLO. UNO DE ELLOS EXTRAE DEL BOLSILLO DE SU PANTALÓN, UN POMO DE HACHIS, PARA PONERLO A RESGUARDO.

OSCAR —¿Qué es eso?

MUCHACHO 2 —Hachis... (CON NATURALIDAD) ¿Usted quiere, señor?

OSCAR —¿Ustedes lo usan?

MUCHACHO —Desde que somos niños, (*se nos olvida el hambre*).

EL OTRO MUCHACHO EXTRAE DE SU PANTALÓN UNA PIPA PARA FUMAR.

OSCAR —¿Te gustaría tener dónde guardarlo?

LOS MUCHACHOS SE MIRAN. WILDE EXTRAE DE ALGÚN LADO UN COFRE PEQUEÑO DE PLATA.

OSCAR —Te lo regalo.

MUCHACHO 1 —¿Qué es esto, señor?

OSCAR —Es un estuche de plata.

MUCHACHO 2 —¿Cuánto cuesta esto, señor?

IBRAHIM GUERRA

OSCAR —No tiene precio, jovencito, solo encanto, como tú... ¿Ves como brilla con la luz del candil? Como tu piel oscura resplandece de plata, o los nardos blancos cuando se asoman a la luz de la Luna. Como una azucena dispuesta a producir la más maravillosa de las mieles.

LOS MUCHACHOS SE MIRAN SIN COMPRENDER LO QUE OSCAR LES DICE.

MUCHACHO 1 —Ahora que estamos desnudos, ¿qué quiere que hagamos, señor?

OSCAR —Dejar que huela tu maravilloso perfume.

WILDE ACARICIA, PERCIBE Y HUELE, LO SABOREA.

MUCHACHO 2 (LEYENDO EL NOMBRE GRABADO EN EL COFRE) —¿Qué dice aquí?

OSCAR —Mi nombre. ¡Léelo!

MUCHACHO 1 —No sé leer, señor. ¿Y usted, cómo se llama?

OSCAR —Oscar.

MUCHACHO 1 —¿Eso es lo que dice aquí?

OSCAR —Sí: Oscar. Dilo, quiero oírlo de de tu boca.

MUCHACHO 1 —Oscar... ¿Usted se llama Oscar, señor?

OSCAR —Sí, muchacho, mi nombre es Oscar. Me harías muy feliz si me llamaras así: Oscar. Dilo, pronúncialo de nuevo.

MUCHACHO —¡Oscar! (RÍEN, EN SEÑAL DE QUE ESTÁN EN PRESENCIA DE UN SER EXTRAÑO) Ahora, ¿Qué más hago, señor?

OSCAR —Nada, no hagas nada, quédate así, inmóvil. Siéntate allí (SEÑALA UN VOLUMEN QUE SEMEJA UNA CAMA) y deja solamente que admire tu maravillosa belleza. (DESLIZA CON SUAVIDAD SU MANO POR LAS MEJILLAS Y TORSO DEL MUCHACHO) Eres la viva estampa del bautista.

MUCHACHO 2 —¿De quien, señor?

OSCAR —De Juan... A ti, muchacho (AL MUCHACHO 2) te oí tocar la flauta en el muelle. ¿De dónde eres?

MUCHACHO 2 —De Siria, pero usted no me dijo que me traía para que tocara. Toco en las calles para que me paguen.

OSCAR —Te daré algo mejor que monedas. (LE ENTREGA EL COFRE DE PLATA).

MUCHACHO 2 —No me darían mucho por esto. Me conformo con que me pague lo que usted quiera, señor.

OSCAR —Te pagaré para que toques.

MUCHACHO —¿Aparte de lo ya me dio?

OSCAR —Todo tiene su precio, y esto, como dices, no estaba en el trato. Toca... Estoy pensando en una obra que quiero escribir en francés, para que actúe Sarah Bernhardt (LOS MUCHACHOS SE MIRAN) Es una gran actriz. Coja, pero nadie se fija en su pierna cuando recita. Cualquier autor dramático daría la vida porque ella actuara alguna de sus obras. Toca, jovencito.

OSCAR, EN LA MEDIDA EN QUE HABLA, SE TERMINA DE DESVESTIR, PARA, A SU VEZ, VESTIRSE COMO SALOMÉ, PELUCA INCLUIDA.

EL MUCHACHO 2 DA ALGUNOS ACORDES Y ENTONA, EN DEFINITIVA, UNA MELODÍA MUY DULCE Y SUBLIME.

OSCAR (EN SALOMÉ. PRIMERO, MUY SUAVE, LUEGO, POCO A POCO ADQUIERE MAYOR SENTIDO Y TONO DRAMÁTICO Y POÉTICO) —... De tu cabello estoy enamorada, Jokanaán. Tu cabello es como racimos de uvas, como racimos de uvas negras que cuelgan de las viñas de Edom, en el país de los edomitas. El silencio que habita en la foresta no es tan negro. No hay nada en el mundo tan negro como tu cabello... Déjame que toque tu cabello...

MIENTRAS HABLA, YA VESTIDO COMO SALOMÉ, SE ACERCA AL MUCHACHO 1. SE ACUESTA A SUS ESPALDAS, LO ABRAZA Y LO SODOMIZA. SIGUE SUSURRANDO EL TEXTO DE SALOME, MUY BAJO, AL OÍDO DEL MUCHACHO. ESTE PERMANECE INMÓVIL, SUS OJOS, VIVOS Y DESPIERTOS SOLO HACEN UN LIGERO

GESTO EN EL SUPUESTO MOMENTO DE LA PENE-
TRACIÓN.

OSCAR (CONTINÚA) —... Es tu boca lo que deseo. ¡Tu boca es como una rama de coral que los pescadores han encontrado en el crepúsculo del mar, el coral que guardan para los reyes!

EL MUCHACHO SE HA ADORMECIDO

OSCAR (CONTINÚA) —... ¡Déjame besar tu boca! ... No me rechaces, Jokanaán... Si lo haces, pediré tu cabeza al Monarca, que es mi padre. No me rechaces, Yoka-
naán, quiero besar tu boca...

OSCAR EXTASIADO, TAMBIÉN SE ADORMECE. ENTRA
BOSIE, FURIOSO.

BOSIE —¡Oscar! (WILDE NO LE PRESA ATENCIÓN. BO-
SIE GRITA, CHILLA) ¡Oscar, óyeme! Mi padre ha decidido suspender la pensión que me corresponde...

OSCAR (DESPERTANDO, PERO AUN ALETARGADO)
—Es su dinero, Bosie, ¿Por qué te enfadas?

BOSIE —Mi hermano y yo somos sus herederos.

OSCAR —Debes esperar, entonces, que muera.

OSCAR SE LEVANTA, TOMA UNA BATA DE SEDA Y SE
CUBRE CON ELLA, MIENTRAS ENFRENTA CON
FRIALDAD LA SITUACIÓN DE ALFRED.

OSCAR —... No es suficiente el odio que le tienes, y el mal que nos causa, para suponerlo muerto..

ALFRED —¡Como quisiera que lo estuviera! Dice que tú eres el culpable de mi situación y que es por ti que lo hace. Te ofende, Oscar, dice cosas espantosas de ti. Deberías denunciarlo a la policía, acusarlo por difamación, por injuria. Por menos de lo que ha dicho de ti, puede ser juzgado y condenado, y llevado a prisión. Tú tienes poder y posibilidad para que lo apresen de inmediato...

OSCAR —Querido Alfred, un juicio es lo menos oportuno en país dónde quien tiene la razón es el que mejor comulgue con los intereses de quienes lo rigen. No es nada conveniente.

ALFRED —¿Vas a permitir que diga de ti lo que dice? Oye: (EXTRAE DE SU BOLSILLO UNA CARTA Y LEE UN FRAGMENTO)... "Te lo advierto, Alfred, no pienso recibir más tus cartas, ni quiero saber más de ti, mientras sigas viendo y mostrándote en público con ese pervertido, que dice ser escritor. Desacreditas con tu actitud el apellido ilustre de los Queensburry" (DEJA DE LEER). Te llama pervertido, Oscar. Acusa a mi madre y a mi hermano de complicidad. Dice que tampoco volverán a ver un solo penique de su dinero.

OSCAR —Si eso llegara a ocurrir, yo me encargaré de tus gastos, Bosie.

BOSIE (TR) —¿De todos? ¿Hablas en serio?

OSCAR —Mis piezas generan suficiente dinero, es natural que también te beneficies de ellas, ya que has sido tú quien las ha inspirado. Si te olvidas de lo que tu padre debe darte, también te olvidarás de él. Es hora de que nos deje en paz, y de que nosotros terminemos por ignorarlo.

BOSIE —Es un patán, un payaso. Lo que menos deseo en la vida es que lo relacionen conmigo. (SE ACERCA A OSCAR, CON AFECTO Y TERNURA) Con nosotros, Oscar. Eres el hombre más maravilloso que conozco.

BOSIE VIERTE UN POCO DE VINO EN UNA COPA, Y BEBE DE ELLA. SE PERCATA DE LA PRESENCIA DE LOS MUCHACHOS.

BOSIE —¿De dónde los trajiste? (RECONOCE AL DE LA CAMA) ¡Del muelle! Hola, muchacho. Te conozco, aunque no sé tu nombre.

MUCHACHO —Talamid, señor. Yo también lo conozco a usted. ¿Quiere hacer algo conmigo hoy? Yo sé lo que a Usted le gusta.

BOSIE COMIENZA DE DESVESTIRSE.

BOSIE —Y lo haces muy bien, pequeño rufián.

ALFRED SE QUITA EL PALTÓ, LO DEJA EN ALGÚN LADO Y SE SIENTA EN EL SITIO EN EL QUE SE ENCUENTRA EL MUCHACHO. ESTE PROCEDE A DESABROCHARLE LA CAMISA. VIERTE VINO DE LA COPA SOBRE EL PECHO DESCUBIERTO DE BOSIE. EL

VINO SE DESLIZA HACIA LAS INGLES. EL MUCHA-
CHO TOCA CON SUAVIDAD EL PECHO Y VIENTRE DE
ALFRED, TERMINA INTRODUCIENDO SU ROSTRO EN
SU PELVIS, TRATANDO DE LAMER EL VINO QUE CO-
RRE POR SU PECHO.

EL ESPACIO QUEDA EN PENUMBRAS. EL MUCHA-
CHO 2 CONTINÚA TOCANDO LA FLAUTA. WILDE SE
SIENTA A SU LADO Y LO ACARICIA.

OSCAR (SALOMÉ ANTE EL CADÁVER DEL PROFETA)
—... *¡No querías permitir que besara tu boca, Jokanaán! Ahora la besaré. La morderé con mis labios como se muerde una
fruta madura. Tu boca que era como una serpiente roja lan-
zando veneno, ya no se mueve. No dice nada ahora Jokanaán,
esa víbora escarlata que escupió su veneno sobre mí. No querías tener nada conmigo, Jokanaán. Me rechazaste, dijiste palabras perversas contra mí. Me trataste de ramera, de perdida,
a mí, a Salomé, la hija de Herodías, Princesa de Judea. ¡Bueno, Jokanaán, yo estoy viva aún, pero tú, tú estás muerto, y
tu cabeza me pertenece! Yo te vi, Jokanaán, y te amé. ¡Estoy
sedienta de tu belleza; estoy hambrienta de tu cuerpo; y ni el
vino ni la fruta pueden apaciguar mi deseo!* (SE LEVANTA Y
SE RETIRA LOS APLIQUES DE LA PRINCESA. TOMA
UNA BATA DE SEDA PARA USARLA) *¿Por qué no me
miraste, Jokanaán? Si me hubieras mirado me hubieras amado. Sé bien que me hubieras amado, y el misterio del amor es
mayor que el misterio de la muerte. El amor es lo único que
cuenta.*

ENTRA CONSTANCE, LA ESPOSA DE WILDE. VISTE UNA PRIMOROSA BATA DE DORMIR.

LA LUZ AHORA SE HACE CALIDA, DE TENUES TO-NOS NARANJA.

Escena 10

Sala de la casa de Wilde

AMBIENTE FRESCO, MATUTINO, DE LUCES SOLARES FILTRADAS A TRAVÉS DE SUPUESTAS CORTINAS DE CROCHET.

CONSTANCE —¿Vas a Salir, Oscar?

SE PERCATA DE QUE LOS MUCHACHOS DUERMEN CON PLACIDEZ. CUBRE A ALFRED Y AL JOVEN SIRIO CON UNA SÁBANA, COMO, SI EN EFECTO, FUERAN SUS HIJOS.

CONSTANCE —Los niños durmieron felices toda la noche. Tus cuentos son maravillosos.

OSCAR —Yo también estoy feliz, Constance, de estar cerca de ti y de ellos.

CONSTANCE —¿Por qué, entonces, no te quedas con más frecuencia?

OSCAR —Para ser doblemente feliz cuando los vea. Cada día que me separa de ti, es uno que me hace quererte más.

CONSTANCE (SONRÍE, AGRADECIDA. CAMINA HACIA ÉL) —Si es así, entonces, aléjate todo lo que quieras.

OSCAR (LA ABRAZA) —Nuestros hijos tienen a la madre más maravillosa del mundo.

CONSTANCE —Quisiera también serlo como esposa, Oscar. Atender a los niños, cuidarlos, me consume mucho tiempo, pero, aun así, sé que tengo mucho todavía para dedicártelo a ti.

OSCAR —Me haces muy feliz siendo como eres.

CONSTANCE (SE SEPARA DE OSCAR) —Yo no estoy segura de eso, Oscar. Dime qué quieres que haga. ¿Me he convertido en una mujer fea? ¿Ya no me visto como antes? ¿He engordado, acaso? Los partos siempre dejan huellas en las mujeres. Dime, ¿qué hago para me sigas queriendo?

OSCAR (VA A ELLA) —¿Y yo, qué puedo hacer para me creas cuando te digo que sigues siendo la mujer más linda que he conocido en mi vida?

CONSTANCE —Que pases más tiempo con nosotros.

OSCAR —Lo haría, pero ¿de qué viviríamos, entonces? Tengo que escribir.

CONSTANCE —Sí, es cierto, Oscar, pero, ¿no te parece que gastamos mucho dinero? Si ahorráramos un poco, tal vez, no tuvieras que trabajar como lo haces.

OSCAR —En realidad, Constance, yo no trabajo, escribo.

CONSTANCE —Si eso que haces no es trabajar, ¿por qué te pagan, entonces?

OSCAR —Si lo tomara como un trabajo, con toda seguridad, no me pagarían como lo hacen. Quién trabaja por necesidad, gana mucho menos de lo que merece.

CONSTANCE —Como los criados, ¿verdad?

OSCAR —Como ellos. Aunque algunos merecerían ganar mucho más de lo que se les paga. Son insuperables en su trabajo.

ENTRA JERÓNIMO, EL MAYORDOMO.

JERÓNIMO —¿Llamaba usted, señor Wilde?

OSCAR —No, Jerónimo, pero llegas en buen momento. Tengo algo que proponerte... Sírvanos el té.

JERÓNIMO DA ALGUNAS PALMADAS.

JERÓNIMO —¡Aquí lo tiene, señor!

ENTRAN DOS CRIADAS CON EL SERVICIO DE TÉ. LO DEPOSITAN EN ALGÚN LUGAR. SE QUEDAN ARREGLANDO ALGO EN EL ESPACIO. OSCAR SE DIRIGE A LA BANDEJA CON LA INTENCIÓN DE SERVIR EL TE EN LAS TAZAS.

OSCAR (SONRIENDO) —¿No has pensado en que mereces un aumento de sueldo?

JERÓNIMO (CIRCUNSPECTO, CASI OFENDIDO) —No, señor, no lo he pensado.

OSCAR —Pues, lo tienes. A partir de este mes comienzas a ganar el doble de lo que ganas ahora.

JERÓNIMO —Gracias, señor Wilde, es usted muy amable, aunque no estoy seguro de merecerlo. (SE DIRIGE A LA MESA) Deje, señor, déjeme a mí hacerlo.

PERO YA OSCAR HA SERVIDO EL TÉ EN LAS DOS TAZAS. LE ENTREGA UNA A SU MUJER, Y SE DISPONE A TOMAR DE LA SUYA, CUANDO COMIENZAN A OÍRSE LOS GRITOS DEL MARQUES DE QUEENSBURRY.

QUEENSBURRY (FUERA DE ESCENA) —Wilde, ¿Dónde estás? ¡Abre la puerta y atiéndeme! ¡Tienes que darme la cara!

OSCAR DEPOSITA DE NUEVO LA TAZA, EN LA BANDEJA.

OSCAR —Jerónimo, vaya a ver qué ocurre.

OSCAR TOMA LA BANDEJA Y SE LA ENTREGA A SU MUJER.

OSCAR —¡Llévatela, querida!

CONSTANCE TOMA LA BANDEJA Y SE RETIRA. LE HACE SEÑAS A LAS CRIADAS PARA QUE LA SIGAN. POR EL OTRO LADO APARECE EL MARQUÉS DE QUEENSBURRY SEGUIDO POR JERÓNIMO.

OSCAR —Puedes retirarte, Jerónimo.

JERÓNIMO SALE. DURANTE LA ESCENA DE OSCAR CON EL MARQUÉS, ALFRED, EN PENUMBRAS, SE LEVANTA Y SE VISTE CORRECTAMENTE.

OSCAR — ¿Qué significa esto? Explíquese, por favor.

QUEENSBURRY (RUDO) — Primero, siéntese, para que me oiga.

OSCAR — No sea ridículo, ¿cómo se le ocurre hablarme así en mi propia casa? No permito que nadie lo haga, ni aquí, ni en ningún otro lugar. Supongo que ha venido a pedirme disculpas por las injurias que usted se ha dado a la tarea de difundir. Las declaraciones que ha hecho de mi esposa y de mí son asquerosamente ofensivas y falsas.

QUEENSBURRY — Lo que he dicho acerca de usted y de su familia es cierto, y lo he dicho en privado a mi hijo, para que se cuide de la clase de gente que trata.

OSCAR — Las haya dicho de la manera que sea, son injuriosas, ofensivas y falsas, por lo que perfectamente puedo demandarlo.

QUEENSBURRY — Señor Wilde, cumplo con el deber de decirle, en su propia cara, que... (DUDA) usted no me gusta.

OSCAR — Sería de lamentar lo contrario, señor Marqués. No tengo por qué gustarle a un hombre como usted, a un..."caballero"... que sólo sabe de caballos y de... (LIGERA AFECTACIÓN) boxeadores.

QUEENSBURRY —Y usted, ¿De qué sabe? ¿De literatura, de arte? Que maravillosa manera de manifestar su hombría con un oficio más propio de maricas y de depravados que de hombres que se dignen de serlo.

OSCAR —Le voy a pedir que salga inmediatamente de mi casa.

> MIENTRAS CONTINÚA LA ESCENA, LOS DOS MUCHACHOS DEL MUELLE, AÚN EN PENUMBRAS, SE LEVANTAN, Y, CON NATURALIDAD Y SIN PRISA, RECOGEN SUS PRENDAS DE VESTIR Y SE VISTEN, PARA LUEGO, CONTAR EL DINERO QUE OSCAR LES DIO E IRSE.

QUEENSBURRY —Pero usted no se limita a ejercer su oficio, si es que puede llamársele así a la tarea de escribir basura, de manera recatada y privada, sino que, por el contrario, lo hace de la forma más escandalosa posible, arrastrando en su loca y desenfrenada carrera de vicio y corrupción a muchachos, algunos, niños aún, o a hombres jóvenes, como en el caso de mi hijo. Le prohíbo a usted, terminantemente, que lo vuelva a ver en su vida.

OSCAR —No sea insolente. ¿Cómo puede imponerme a mí a quien debo ver o a quien no?

QUEENSBURRY —Le he dicho a él, muy claramente, de la misma manera como se lo estoy diciendo a usted, que si se los vuelvo a ver juntos, tendrán que enfrentar las consecuencias conmigo (FURIOSO, MIMA LA AC-

CIÓN DE MANERA GROTESCA) los azotaré, les pegaré hasta el cansancio, les daré una paliza tan fuerte, que no la olvidarán mientras vivan. Aunque ya él sea mayor de edad, y pueda decidir por sí mismo lo que quiera hacer con vida, lleva, y llevará por siempre, el apellido de los Queensburry, y ese apellido representa un marquesado que honra a la nobleza inglesa, y nos coloca por encima de un irlandés impostor, hablador y petulante.

OSCAR —Su interés en mis asuntos personales no denota más que una total falta de escrúpulos. Usted no ha hecho más que oír e inventar mentiras acerca de su hijo y de mí, y, sobre todo, de la amistad que nos une. Este es un asunto privado entre nosotros, y usted hace muy mal en entrometerse.

QUEENSBURRY —No sé que es lo que usted considera "privado", señor Wilde, porque todo Londres sabe que usted fue expulsado del Hotel Savoy debido a su conducta aberrada y asquerosa, en la cual, sin el menor pudor, arrastró a mi hijo, y pretende hacer lo mismo con su madre, poniéndola en mi contra con sus estúpidos comentarios, con sus versos ridículos y sus libros escandalosos, como ese del muchacho que se ve envuelto en toda clase de crímenes y aberraciones sexuales, que se ven reflejados en un retrato que un pintor, tan pervertido como usted, le hizo a partir del amor inmoral e indecente que sentía por el joven.

OSCAR —Dudo que usted haya leído una sola página de *"El Retrato de Dorian Grey"*, si es que es ese el libro al que usted se refiere con esa descripción tan... limitada.

QUEENSBURRY —Claro que no leo esa clase de basura.

OSCAR —Y en cuanto a su esposa, ella le había pedido el divorcio antes de yo conocerla. Y no lo hizo por las consideraciones que usted dice ahora que siente por ella, sino por el maltrato que recibían de usted a diario, tanto ella como sus hijos. Por todas estas razones, y, porque es usted francamente desagradable, si no sale inmediatamente de mi casa, me veré forzado a llamar a la policía.

QUEENSBURRY —La policía cumplirá mejor con su deber cuando reclame la perversión diabólica que ejerce usted sobre las personas que lo rodean. Es usted un ser dañino, perjudicial. Una carroña infecta que perjudica la moral de nuestra sociedad.

OSCAR LLAMA AL MAYORDOMO.

OSCAR —¡Jerónimo!

JERÓNIMO ENTRA DE INMEDIATO.

JERÓNIMO —¡Diga, señor Wilde!

OSCAR —Saque a este hombre inmediatamente de aquí. Si se niega a salir, sáquelo a patadas.

JERÓNIMO —¡Como usted ordene, señor Wilde!

WILDE SE REPLIEGA A UN LADO DEL ESPACIO. EL
QUE OCUPARÁ DURANTE EL JUICIO COMO TESTIGO.
JERÓNIMO ENFRENTA A QUEENSBURRY.

JERÓNIMO (MUY CIRCUNSPECTO) —Tenga la bondad
de seguirme a la puerta, señor Marqués...

QUEENSBURRY LO MIRA CON GANAS DE FULMI-
NARLO, RESPIRA HONDO Y SALE, APARTANDO CON
FURIA AL MAYORDOMO.

QUEENSBURRY —¡Imbécil!

SE DEVUELVE Y SACA DE SU BOLSILLO LA TARJETA
DE PRESENTACIÓN QUE HABÍA ESCRITO CON AN-
TERIORIDAD, LA REVISA Y SE LA ENTREGA JERÓ-
NIMO.

QUEENSBURRY —Entréguele esto a su amo. Y usted se
haría un mejor favor, si trabajara en una casa decente.

Y SALE. JERÓNIMO LEE LA TARJETA, Y, AUNQUE SE
SORPRENDE, DISIMULA. BUSCA UN SOBRE DE NE-
GOCIOS Y LA GUARDA EN ÉL. LO CIERRA.

ENTRA ALFRED Y LE ARREBATA EL SOBRE A JERÓ-
NIMO. ESTE, ATRIBULADO, SALE.

CAMBIO DE LUZ.

Escena 11

Habitación del Hotel Albernale

ALFRED ABRE EL SOBRE Y EXTRAE LA TARJETA QUE
LE DEJARA SU PADRE A JERÓNIMO.

BOSIE —Esto es intolerable. Oscar, no puedes permitirle que vaya más lejos de lo que ya lo ha hecho (LEE) *"A Oscar Wilde, que se exhibe como un 'sondomita'"* (SIC)... tienes que demandarlo, Oscar, ya no se trata de un asunto privado, de cartas, y comentarios de familia, esto es una acusación pública.

OSCAR —No es pública, Bosie, es una tarjeta que fue guardada en un sobre por el Maître del hotel.

BOSIE —La leyó y se enteró de lo que decía, de otra manera, no la hubiera guardado como lo hizo. Tú lo amenazaste con demandarlo, debes hacerlo.

OSCAR —Lo amenacé con llamar a la policía si insistía en su actitud ofensiva hacia mí en mi propia casa, no en llevarlo a los tribunales.

BOSIE —Pero tienes que hacerlo, aplastarlo como un insecto. Tú eres un hombre importante, te has ganado el respeto de todos con tus escritos, con tus conferencias, con un éxito que nadie discute ni pone en duda.

OSCAR —No hay necesidad de ir tan lejos.

BOSIE —¿Por qué no?

OSCAR —Tú tendrías que comparecer en el tribunal. Serías llamado a declarar, tu familia, la mía, todos están al tanto de nuestra amistad, y a todos se les pedirá testimonio.

BOSIE (DENOTANDO ADMIRACIÓN SUBLIME POR OSCAR) —No dirán otra cosa, salvo que tú eres un hombre extraordinario, a quien admiro como no podría hacerlo con persona alguna en el mundo. Comprenderían que lo que lo mueve a él en sus ofensas hacia ti, y a privarme a mí de los que me corresponden no son más que celos, por no merecer él el aprecio que todos sienten por ti. (CASI COMO UN RUEGO) A un mal hombre yo podría admirar intelectualmente, pero jamás podría amar, Oscar, y, lo que es más, él no podría amar a nadie con la fidelidad, devoción, con la falta de egoísmo y con la pureza con la que tú me amas a mí. (EL LLANTO LO DOMINA. TOMA EL ROSTRO DE OSCAR ENTRE SUS MANOS Y LO BESA) No estarás solo, no irás solo a ese juicio, yo compareceré contigo en los tribunales, si es necesario. Mi hermano, mi madre también lo harán, porque lo odian tanto o más que yo. Declararán el daño que él les ha causado. Están dispuestos a pagar todos los gastos del juicio. Yo lo conozco. No se quedará tranquilo. Antes lo hacía en privado, pero ahora, esta acusación es pública, Oscar (LEE LA TARJETA) "*A oscar wilde, que se exhibe como un... sondomita*" (SIC)...

OSCAR (DIVERTIDO) —A ver. (LE QUITA LA TARJETA A BOSIE) ¿Que habrá querido decir con esto de "sondomita"?

BOSIE —Sodomita, Oscar, homosexual, marica, y todo lo que ha dicho de ti. ¿Vas a permitirlo? ¿Le piensas conceder la razón con tu silencio y tu pasividad? Tienes millones de armas para destruirlo.

OSCAR (PASANDO A UN PLANO DE MAS SERIEDAD) —Entiéndeme, Bosie, no puedo arremeter en contra de los que en este país, más dado a la hipocresía y a la mentira, me ofendan públicamente en periódicos, en folletines y en panfletos vulgares y ofensivos (SACA ALGUNOS DE ALGÚN LADO, QUE LE LLEGARÁN AL PÚBLICO) con dibujos denigrantes, y burlas hacia mí, y hacia mi propia familia. Aumenta en la misma medida en que crece mi fama. Me resulta inevitable, y, por demás, imposible de evitar

BOSIE —Ninguno de estos panfletos es tan perjudicial como lo es esta tarjeta, y como lo es, también, quien la escribió, porque ninguno de ellos ha intentado separarnos. Tan sólo manifestar un odio irracional y mezquino hacia ti, pero esta injuria es diferente, y terminará por separarnos.

OSCAR —Eso no tiene por qué ocurrir, Bosie.

BOSIE —Ejercerá todas sus influencias para enviarme lejos de aquí.

OSCAR —No, si tú no lo permites.

BOSIE —Me veré forzado a hacerlo, y ya no es sólo porque deje o no de estar bajo su protección financiera, sino porque también lo está mi madre, y yo no podría permitir que tú te hagas cargo de ella, como lo haces conmigo. Ella tampoco lo permitirá. Preferirá mantenerse en la peor pobreza, antes que recibir dinero de alguien que no sea quien legítimamente le corresponde hacerlo. Tampoco mi padre tendrá dinero para hacerlo. Ha amenazado con apostar toda su fortuna a caballos que no tienen otra opción de ganar más que en una carera de mulas. Prefiere perderla antes de permitir que pase a nuestras manos. Y ese dinero nos pertenece. Se niego a reconocerlo porque lo ampara una razón: mi amistad con un depravado que se burla de toda la sociedad inglesa en sus obras, que acusa de corrupción al Senado, de falsa moral a la burguesía, y que de tu supuesta condición literaria, no se escapa ni siquiera la propia Reina Victoria...

OSCAR (DIVERTIDO) —No creo que los vicios de su Majestad pudieran interesarme, aunque, sin duda alguna, ella brindaría argumentos extraordinarios para el teatro, la nobleza inglesa ya fue tocada, hasta el cansancio, y de manera magistral por el más grande dramaturgo de todos los tiempos. La burguesía inglesa me resulta más atractiva.

BOSIE (DELIRANTE) —Oscar, te hablo en serio. Una cosa es que te acusen de mal escritor, y otra, muy distinta, es que digan que te burlas de quienes manejan y gobiernan al país. Mi padre se ha convertido en la voz de todos tus detractores.

OSCAR —Esos mismos detractores con sus ataques no hacen más que reconocer mis meritos. Mis obras se montan simultáneamente en tres teatros de Londres, se agotan las localidades de todas las temporadas meses antes de los estrenos. Los críticos serios se disputan la primicia de las críticas. Muchos intentan destruirlas, pero sin éxito. Sus comentarios exacerban la curiosidad de la gente. Intentan perjudicarme, pero no hacen más que hacer que mi nombre se haga obligatorio en todas las conversaciones serias del país, es decir, las frívolas, que son las más serias que pudiera realizar un inglés (SONRÍE) Vamos, querido Bosie, no te dejes conducir por la ira, ni permitas que tu bello rostro se desfigure por el odio que sientes por alguien a quien deberías ignorar. No puedo verte a ti, tan griego, tan gentil, distorsionado por la pasión, no puedo escuchar tus labios curvos diciendo esas cosas tan espantosas.

BOSIE —Ni yo, Oscar, permitir que se te insulte con ofensas que me afectan a mí también (SE SIENTA Y LLORA DESCONSOLADO) Y a mi madre, Oscar. Tú sabes que después de ti, ella es la persona que más quiero en la vida. No soporto verla sufrir como lo hace.

OSCAR SE ACERCA A BOSIE PARA CONSOLARLO.

OSCAR —¿Es tu madre lo que más te perturba?

BOSIE —Sí, Oscar. (SE ECHA SOBRE EL PECHO DE OSCAR Y CONTINÚA EN LLANTO) es una mujer delicada, frágil, hermosa, cuyo único pecado fue haberse casado con un bruto, que nunca supo ni quiso apreciarla como ella merece. Él es un ser abominable y detestable.

OSCAR —Es tu padre, Bosie.

BOSIE (SE LEVANTA, FURIOSO) —Reniego de él, y si tengo que renunciar a su apellido, también lo haré. Estoy dispuesto a apoyarte en todo, Oscar. Tú te has convertido en mi verdadero padre, el que nunca tuve, (SE LANZA A SUS PIES, DESCONSOLADO) no puedo permitir que te atropelle, ni que siga intentando separarme de ti.

OSCAR (SE AGACHA PARA INTENTAR LEVANTARLO) —Eso no lo conseguirá jamás, Bosie.

BOSIE (LOS DOS EN EL SUELO) —Siente envidia de ti, celos. Por eso no va a descansar hasta no verte destruido. Es la única manera que tiene de competir contigo, en el afecto que te tengo.

OSCAR (CONMOVIDO) —¡Mi pequeño ángel... tu rostro se desfigura. Es una maravilla que tus labios, rojos como una rosa, estén hechos tanto para la música de las canciones como para la locura de los besos (LO BESA ENARDECIDO) Sé que el Jacinto, a quien Apolo amaba tan locamente, se haría pequeño a tu lado.

BOSIE (MIENTRAS LO BESA CON IGUAL DESENFRENO) —Por ti, Oscar, renuncié a todas las asignaciones de dinero, y lo haré también a mis apellidos, a los títulos que me corresponden. Nada de eso me interesa, si está de por medio nuestra amistad... (LO TOMA POR EL ROSTRO) Te amo, Oscar, te amo como jamás podré amar a nadie. Por eso te pido con toda mi alma que saques del medio todo lo que perturbe este amor que siento por ti, y si no podemos lograrlo por nosotros mismos, hagámoslo, entonces, a través de los tribunales de Londres... (CON SU ROSTRO SUS MANOS, Y ANTE EL ESTUPOR DE OSCAR, LO BESA ENARDECIDO).

ENTRA HARRIS, Y, EN PENUMBRAS, CONTEMPLA EL FINAL DE LA ESCENA.

OSCAR (PAUSA. MIDIENDO SUS PALABRAS, MUY BAJO) —¿Lo crees... verdaderamente?

BOSIE —Con toda mi alma, Oscar. Si te decides a ir en contra de mi padre, te prometo que estaré en deuda contigo toda mi vida, y ya nada, ni nadie, se opondrá a que sienta la gran admiración y amor que siento por ti. ¡Abrázame! Me siento desamparado, siento que todo se viene en contra mía, en contra de nosotros. No quiero ser el culpable de que la gente te señale y suponga verdad todo que mi padre dice de ti. Antes prefiero irme lejos. Voy a pedirle a mi madre que interceda por mí una vez más, y consiga para mí un cargo diplomático, lejos, muy lejos de Londres, donde yo no sea un obstáculo en tu vida, Oscar, porque, en el fondo, yo soy el culpable de todo... ¿Quién, en lo sucesivo, va a alimentar mi alma con pensamientos sublimes? ¿Quién me hará feliz cuando me sienta triste, deprimido y turbado? ¿Quien me transportará de este tedioso mundo a un maravilloso país de fantasía, de ingenio, de paradojas y de belleza mediante el poder inimaginable de la palabra? No hay nada que no haría por ti, Oscar. Si mueres antes que yo, —y no lo puedo ni imaginar siquiera— yo no querré seguir viviendo. El sólo pensar que eso pudiera suceder, hace que el Sol se oscurezca ante mis ojos.

OSCAR (SIN PODER DAR CRÉDITO A LO DICE ALFRED) —Si te vas... me voy a sentir muy desolado.

BOSIE —Como yo lo estoy ahora, Oscar. No soporto la idea de que mi padre quiera destruirte. (SE LEVANTA, CON FURIOSA DETERMINACIÓN, BUSCA Y ENCUENTRA EL ARMA) Antes de que eso ocurra, seré yo el que lo destruya a él. Le voy a disparar con la misma arma con la que él dice que acabará contigo.

OSCAR —Eso te convertirá en asesino...

BOSIE —Si no hay otra forma de acabar con él, será esta arma la que lo haga. Por eso te pido que acudas a los tribunales, para que sean ellos los que reclamen tu derecho a no ser ofendido públicamente por nadie.

SE INCORPORA HARRIS.

HARRIS —Un juicio, Oscar, te ocupará mucho tiempo. Tienes mucho que declarar.

OSCAR —Nada más, aparte de mi genio, Harris. Debo convertir en lágrimas las risas de mis espectadores. Incluso, mis propias risas, serán, en lo sucesivo, muecas, si no acudo a mi propio destino, que es el que escribe por mí la mejor de todas mis piezas. Te lo dije en una oportunidad: La gente dice que la última, *"La importancia de llamarse Ernesto"*, estrenada hace tan sólo cuatro días, es la mejor pieza de Oscar Wilde, pero eso no es cierto. La mejor de mis obras está por escribirse.

SE DIRIGE EL SITIO EN EL QUE SE ENCUENTRA COLGADO SU PALTÓ, LO TOMA Y SE LO PONE. TOMA EL SOMBRERO.

OSCAR —Hoy voy a intentar, al menos, comenzarla.

SE COLOCA EL SOMBRERO Y SE DIRIGE AL ESTRADO DE LOS TESTIGOS.

ESCENA 12

SALA DEL TRIBUNAL

LAS LUCES CAMBIAN. EL AMBIENTE SE TRANSFOR-
MA EN EL TRIBUNAL CRIMINAL CENTRAL OLD BAI-
LEY, DE LONDRES. LOS BANCOS SE COLOCAN ADO-
SADOS A LAS BARANDAS LATERALES DEL ESPACIO
ESCÉNICO, DE MANERA QUE EL CENTRAL QUEDE
DESPEJADO PARA EL DESENVOLVIMIENTO DE LOS
ABOGADOS.

ENTRAN EL JUEZ COLLINS, LOS ABOGADOS DE LA
DEFENSA, REPRESENTADOS POR EL SEÑOR EDWARD
CLARKE Y LOS DEL MINISTERIO PÚBLICO, REPRE-
SENTADOS POR EL SEÑOR EDWARD CARSON. TODOS
VISTEN CON RIGIDEZ JUDICIARIA INGLESA. ALGU-
NAS PERSONAS, CON ELEMENTOS DE VESTUARIO DE
LA ÉPOCA, SE COLOCAN EN LOS ESPACIOS DEL
PÚBLICO. ESTA AFLUENCIA DE PÚBLICO AUMEN-
TARÁ Y SE HARÁ CADA VEZ MAS CANDENTE A LO
LARGO DE LOS TRES JUICIOS, PRINCIPALMENTE,
DURANTE EL SEGUNDO DE ELLOS.

MIENTRAS TODO ESTO OCURRE, WILDE, EN EL PAL-
CO DE LOS TESTIGOS, HA INICIADO SU TESTIMONIO.

OSCAR —Mi nombre es Oscar Fingal O'Flahertie Wills
Wilde. Tengo treinta y nueve años de edad, Mi padre

fue Sir. William Wilde, cirujano de Dublín, y presidente de la Comisión de Censos. Fui alumno del Trinity Collage, dónde obtuve una beca en Clásicos y Medalla de Oro en griego. Fui, entonces, al Magdalem Collage, en Oxford, donde recibí otra beca en Clásicos, un sobresaliente en Moderno, un sobresaliente en Antiguo y el Premio Newgate en Poesía inglesa. Me gradué en mil ochocientos setenta y ocho. Desde mi regreso a Londres, me he dedicado al arte y a la literatura. En mil ochocientos ochenta y uno publiqué un volumen de poemas. Di conferencias en Inglaterra y Norteamérica. En mil ochocientos ochenta y cuatro contraje matrimonio con la señorita Contance Lloyd, y, desde esa fecha, hasta ahora, he vivido con ella. Tenemos dos hijos, el mayor de los cuales cumplirá diez años en junio, y, el segundo, nueve, en noviembre.

CLARKE SE LEVANTA DE SU PUESTO Y SE DIRIGE AL CENTRO DEL ESPACIO.

CLARKE —Señor Wilde, ¿No le han llamado la atención las acusaciones que se le hacen en la demanda con referencia a diferentes personas, impugnando su conducta con ellas?

OSCAR —Sí.

CLARK —¿Hay algo de cierto en cualquiera de esas acusaciones?

OSCAR —No hay nada de verdad en ninguna de ellas.

CLARKE (SE GIRA HACIA EL ESTRADO DEL JUEZ)
—¡Es todo, su Señoría!

SE SIENTA. EL ABOGADO CARSON, CARPETA EN MANO, SE LEVANTA.

CARSON (ESCRUTADOR, CON LIGERO SONSONETE, ALGO ATIPLADO Y DE CALCULADA AFECTACIÓN, EN BUSCA DE LA TEATRALIDAD QUE TODO JUICIO ORAL CONLLEVA) —Señor Wilde... usted ha a declarado tener treinta y nueve años. Yo creo que tiene más de cuarenta.

OSCAR (LIGERO ASOMBRO CON DEJO DE BURLA) —¿Le parece?

RISAS EN EL PÚBLICO.

JUEZ COLLINS —¡Silencio en la sala! (DA UN MARTILLAZO).

CARSON —¿No nació usted el dieciséis de octubre de mil ochocientos cincuenta y cuatro?

OSCAR —Sí... supongo, no sé. Jamás llevo el censo de las edades. Si desea conocer más acerca de la mía, puede referirse a mi documento de nacimiento.

CARSON (LIGERAMENTE AMENAZANTE) —Señor Wilde, precisamente es lo más adecuado en estos casos: apegarse a los requerimientos y fundamentos legales. El haber nacido en mil novecientos cincuenta y cuatro le hace tener más de cuarenta años, señor Wilde.

WILDE SUSPIRA HONDO EN SEÑAL DE TEDIO.

OSCAR —No es mi intención aparentar ser joven.

CARSON —¿Qué edad tiene Lord Alfred Douglas?

OSCAR —Alrededor de veinticuatro años.

CARSON —¿Hace cuánto tiempo que conoce a Lord Alfred Douglas, señor Wilde?

OSCAR —Cuatro años, señor

CARSON —Es decir, (COMO LÓGICA DEDUCCIÓN) que el joven Lord Alfred Douglas tiene ahora veinticuatro años.

OSCAR (A DURAS PENAS, ESCONDE EL SARCASMO QUE INTENTA PROPINARLE. CON EL DEDO ÍNDICE SACA UNA CUENTA IMAGINARIA) —Sí... es probable, sí.

CARSON —Señor Wilde, Usted ha estado con él en diferentes lugares...

OSCAR —Sí.

CARSON —Además de tener su casa en la calle Tite, ¿alquilaba usted habitaciones en diferentes hoteles?

OSCAR —Sí.

CARSON —¿Leyó usted, señor Wilde, un cuento llamado "El sacerdote y el monaguillo", publicado en La revista El Camaleón, de la que usted fue colaborador?

OSCAR (SIN ESCONDER SU ESTUPOR) —Sí.

CARSON —¿Le dio la impresión que se trataba de un cuento indecente?

OSCAR —Desde el punto de vista literario, era altamente indecente. Es imposible para un hombre de letras juzgarlo de otra forma que no sea por su significación, elección del tema y estilo. La realización me pareció una porquería, el tema... una porquería, y su desarrollo, una absoluta y total... porquería.

CARSON —¿No le pareció un relato inmoral?

OSCAR —En tal caso, hubiese tenido alguna virtud, si es que en efecto existiesen libros inmorales.

CARSON —Es decir, ¿Considera usted que no hay relatos, o libros, indecentes?

OSCAR —En absoluto.

CARSON —¿Eso significa que usted considera que "El sacerdote y el monaguillo" no es un relato inmoral?

OSCAR —Es peor aún, está muy mal escrito.

CARSON —Tal vez recuerde que se trata de un sacerdote que se enamora de un monaguillo, quien es descubierto por el rector en el cuarto del sacerdote, originándose un escándalo.

OSCAR —No sabría decirle. No me interesó en absoluto. No recuerdo los detalles.

CARSON —¿Cree usted que el relato es blasfemo?

OSCAR —Creo que viola todos los cánones artísticos de la belleza.

CARSON —Esa no es una respuesta.

OSCAR —Es la única que puedo darle.

CARSON —¿Usted sabe que cuando el sacerdote le administra veneno al niño, quiero decir, al monaguillo, usa las palabras de sacramento de la Iglesia de Inglaterra?

OSCAR (ASOMBRADO) –No sabría decirle, aunque eso, ciertamente, no lo haría más desagradable de lo que ya es.

CARSON —¿Considera usted que cualquier persona que aprobara ese relato y diese su beneplácito por él, puede aparecer como culpable de prácticas indecentes?

OSCAR —Demostraría, tan solo, un gusto literario pésimo.

CARSON TOMA UN EJEMPLAR DE "EL RETRATO DE DORIAN GRAY"

CARSON —En la introducción del libro escrito por usted *"El Retrato de Dorian Gray"*, usted expresa textualmente *"...No existen libros morales ni inmorales, tan solo los que están bien o mal escritos"*.

OSCAR —Exactamente, es lo que pienso.

CARSON —Es decir, ¿que por inmoral que sea un libro, debe considerarse como bueno, si, según su punto de vista, está bien escrito?

OSCAR —Para mi sería, incluso, moral, sobre todo, si se considera que, aparte de bien escrito, se encuentra brillantemente escrito. En este caso se trata de una obra de arte.

CARSON —¿Aunque sugiera aspectos perversos?

OSCAR —Depende de lo que usted considere "perverso". Una obra de arte y un libro bien escrito lo es, sólo si puede sugerir sentimientos elevados.

CARSON —¿Aún a personas ignorantes?

OSCAR —Normalmente, las personas ignorantes no leen.

CARSON —¿Es esa la razón por la cual usted es proclive a las personas poco ilustradas?

OSCAR —No sé a qué se refiere.

CARSON —A muchachos, que, mayoritariamente, no poseen ningún tipo de educación.

OSCAR —Sí, en efecto, ese es su encanto, del cual carecen otras, especialmente, las que se dedican a oficios como el suyo.

RISAS EN EL PÚBLICO.

JUEZ —¡Orden!, ¡orden! (DA UN GOLPE DE MARTI-
LLO. A CARSON) Prosiga, abogado Carson.

CARSON —De allí, entonces, que los invite a comer.

OSCAR —Me agrada su compañía. Siento por ellos un
gran afecto.

CARSON —Hace usted alguna distinción entre afecto y
amor, señor Wilde?

OSCAR —Desde luego que sí, pero no sé a qué se refiere su pregunta.

CARSON —En *Dorian Gray*, el afecto que el artista siente por su modelo, ¿podrían llevar a un individuo corriente a creer que aquel, el artista, o ambos, tenían
ciertas inclinaciones?

OSCAR —¿Como cuáles?

CARSON —Amor del uno por el otro.

OSCAR —No tengo conocimientos de los puntos de
vista de individuos comunes y corrientes.

CARSON —Como tampoco ha impedido que esos individuos, comunes y corrientes, compren sus libros.

OSCAR —Con su lectura podrían dejar de serlo. Los
puntos de vista de los ignorantes son inexplicables.

CARSON ABRE EL LIBRO EN UNA PÁGINA MARCADA
DE ANTEMANO CON UN SEPARADOR. LEE UN SEG-
MENTO

CARSON —Esto lo comenta el pintor del cuadro, quien manifiesta un "afecto" inusual, desmedido, hacia su modelo (LEE, CON LIGERA AFECTACIÓN, PERO SIN RIDICULIZAR EL TEXTO) *"Después de haber estado en el salón, alrededor de diez minutos, hablando con viudas, excesivamente adornadas y aburridos académicos, tuve la sensación de que alguien me miraba. Me volví, y vi a Dorian Gray por primera vez. Cuando nuestros ojos se encontraron, me sentí palidecer. Un extraño terror instintivo me poseyó. Supe que me encontraba cara a cara con alguien cuya personalidad era tan fascinante que con solo permitírselo, absorbería todo mi ser, toda mi alma, todo mi arte. Supe que si le hablaba, me consagraría absolutamente a él. Dorian es ahora todo el arte para mí. Define las líneas de una nueva escuela que tiene en sí toda la pasión y la perfección del espíritu griego"* (CIERRA EL LIBRO CON PARSIMONIA) Ahora, le pregunto señor Wilde, ¿considera un sentimiento decoroso la pasión descrita en este libro, que expresa el amor de un hombre hacia un adolescente?

OSCAR —Me parece que es la más perfecta descripción de lo que un artista sentiría al encontrar a una persona hermosa.

CARSON —¿Aunque se trate esa persona hermosa de otro hombre, joven, además?

OSCAR —Eso es lo que lo hace más hermoso aún.

CARSON —¿Lo de hombre, o lo de joven?

OSCAR —Digamos que...ambas cosas.

CARSON —¿Admite usted, entonces, que el hombre artista siente amor por otra persona hermosa por ser hombre y por ser Joven?

OSCAR —Yo no he dicho tal cosa.

CARSON —En su caso, señor Wilde ¿Siempre es así?

OSCAR —Mi esposa es hermosa, es joven, y es mujer.

CARSON —Pero, ¿siente usted el mismo amor por su esposa que por los hombres jóvenes que conoce?

OSCAR (RÍE, REALMENTE DIVERTIDO) —Desde luego que no. No sé a dónde pretende ir usted con esas comparaciones inútiles.

CARSON —Le preguntaba si admite usted que un hombre puede sentir amor por otro hombre tan sólo por ser joven.

OSCAR —Siempre y cuando se trate de una hermosa personalidad.

CARSON —¿Está seguro de lo que dice?

OSCAR —Desde luego.

CARSON —Es decir, entonces, que usted ha experimentado los conocimientos que describe.

OSCAR —Me parece que es perfectamente natural para cualquier artista admirar intensamente y amar a un joven si éste posee una extraordinaria personalidad, y, para cualquier escritor, conocer el tema que toca en sus obras.

CARSON —¿Quiere decir con eso que un escritor escribe sólo de lo que conoce, realmente?

OSCAR —¡Desde luego!

CARSON —Por eso usted escribe: (SEÑALA EN EL LIBRO) "admito que he adorado locamente" ¿Qué puede decir usted al respecto de "locamente"?

OSCAR —¿A qué se refiere?

CARSON —¿Ha adorado locamente a algún joven?

OSCAR —Jamás he adorado a nadie de esa manera... excepto a mí mismo.

RISAS EN PÚBLICO

JUEZ —¡Silencio! (MARTILLAZO).

CARSON —Ese amor al que usted se refiere, señor Wilde, ¿sugiere, de alguna manera, una influencia corruptora?

OSCAR —No conozco la existencia de influencia alguna que pudiese ser corruptora.

CARSON —Un hombre, digamos de su edad, ¿nunca corrompe a un joven?

OSCAR —¡Desde luego que no!

CARSON —¿No le parece que adular a un muchacho de... diecisiete, dieciocho o veinte años, obsequiándole regalos lujosos o invitándolo a disfrutar ciertos placeres...gastronómicos, no sería, en realidad, corromperlos?

OSCAR (RISA DISCRETA DE SARCASMO Y BURLA) —Todo lo contrario.

CARSON —Sea concreto, señor Wilde: "sí o no"

OSCAR —Muy bien. ¡No!

CARSON (EXTRAE UNA CARTA) —He aquí un carta que usted, entre otras, le escribió a Lord Alfred Douglas. ¿Quisiera leerla?

OSCAR —No veo porque tenga que hacerlo.

CARSON —Entonces, la leo yo (LEE) Hotel "Savoy" (LO PRONUNCIA CON INTENCIÓN) Londres. Al más querido de todos los muchachos. Tu carta es deliciosa, vino blanco y tinto para un paladar exquisito, pero estoy triste y descontento. Bosie, no debes hacerme escenas. Me matan. Destruyen la hermosura de la vida. No puedo verte, tan griego y grácil, desfigurado por la ira. No puedo oírte decirme cosas abominables con el gesto torcido. Tú eres eso divino que deseo y eso grácil y hermoso. Pero no sé cómo hacerlo. ¿Debo ir a Salisbury? ¿Por qué no estás aquí, mi querido, mi maravilloso muchacho? ... etcétera, y finaliza: (CEREMONIOSO) Tuyo, Oscar (CIERRA CON SUMO CUIDA-

DO LA CARTA) ¿Es esta carta, señor Wilde, una carta común?

OSCAR —¡Desde luego que no! Yo no escribo jamás cartas comunes.

RISAS DEL PÚBLICO.

JUEZ —¡Silencio!

CARSON —Le cambio la pregunta. ¿Es esta la carta que un hombre le dirigiría a otro hombre?

OSCAR (SERIO) —Es la carta que un artista le escribiría a un alma sensible. Esa carta no es más que una tierna expresión de la gran admiración que pudiera sentirse por la persona a la que se le escribe.

CARSON —Pero está escrita desde el Hotel Savoy...

OSCAR —Yo vivía para ese entonces en el Hotel Savoy, pero pudo haber sido desde algún otro sitio. Desde El Cairo, por ejemplo, hubiese sido más emotiva. Sin embargo, no puede negarse que se trata de una verdadera obra de arte.

CARSON —Pudo haberla escrito, también, desde su casa de la Calle Tite, donde usted vive con su familia. Es decir, con su esposa, sus hijos, un mayordomo y dos criadas, ¿es eso cierto?

OSCAR —Sí, lo es.

CARSON —¿Para qué, entonces, mantenía habitaciones arrendadas en diferentes hoteles? En el Savoy tuvo dos que se comunicaban entre sí.

OSCAR —¿Hay alguna razón para que yo me privara de hacerlo?

CARSON —¿Recibía usted constantemente visitas de personas que no se hubiese atrevido a invitar a la casa que compartía con su esposa e hijos?

OSCAR —Probablemente, sí.

CARSON —¿Con qué objeto, señor Wilde, pueden tratarse asuntos en la habitación de un hotel que no pueda hacerse en una casa, donde, según entiendo, usted también posee un estudio privado?

OSCAR —No entiendo la pregunta.

CARSON —Se la repito, entonces, ¿Qué necesidad ha tenido usted de mantener habitaciones privadas en un hotel?

OSCAR —Poner en orden mis ideas.

CARSON —¿En un hotel, señor Wilde?

OSCAR —Sí, cualquier otro sitio también podría haber sido adecuado.

CARSON —¿Por qué no lo hacia, entonces, en su casa?

OSCAR —También allí lo hago, pero, como usted ha dicho, no cuento más que con un solo mayordomo, en el hotel, con varios camareros.

CARSON —¿Acostumbra usted a escribir con sus lacayos?

OSCAR —No, tan sólo los uso para que anuncien a los visitantes. Para que, en algunas ocasiones, los echen, y, eventualmente, para que sirvan el vino.

CARSON —¿Eso significa, entonces, que, para usted, escribir sus...obras de teatro y sus poemas es exactamente igual a mantener reuniones, que usted llama literarias, en las que se bebe vino y se reciben visitantes?

OSCAR —La literatura es un arte excelso, pero no llega a ser tan exquisito como beber y recibir visitas. Siempre y cuando los visitantes, no sean abogados.

RISAS

JUEZ —¡Silencio!

CARSON —Aparte de su actividad de "artista", ¿cuáles otras ha organizado usted en las habitaciones del Hotel Savoy y en las de los otros hoteles donde usted ha tenido habitaciones arrendadas?

OSCAR —Aparte de recibir amistades, más nada.

CARSON —¿Qué clases de amistades recibe usted en hoteles, señor Wilde, que no pueda hacerlo en su casa?

OSCAR —Amigos

CARSON —¿Hombres?

OSCAR —Sí... mayoritariamente, hombres. A las mujeres no se les ve muy bien en los hoteles.

CARSON —Sobre todo si desean hacerlo con recato. Eso está claro, señor Wilde. ¿Qué clase de hombres recibe usted, mayoritariamente, en sus habitaciones del hotel?

OSCAR —Mayoritariamente... interesantes

CARSON —¿Jóvenes?

OSCAR —Sí, mayoritariamente, jóvenes. Es lo que los hace más interesantes aún.

CARSON —¿Qué tienen ellos de interesantes, señor Wilde, que no tenga, por ejemplo, una persona de mi edad?

OSCAR (RÍE, CON DISIMULADO RECATO) —¿Puedo reservarme la respuesta?

JUEZ —Dígala, señor Wilde.

CARSON (AGILIZA EL ACOSO) —No es necesario que conteste. Queda claro que usted prefiere ser visitado por hombres jóvenes a otro tipo de gente. Diga, por favor, ¿Qué poseen ellos con respecto a los demás?

OSCAR —Juventud.

CARSON —¿Pero hay mujeres jóvenes, también, que pudieran resultar interesantes para usted, o ese privilegio lo tienen sólo los hombres?

OSCAR —De ninguna manera, mi esposa es joven, muy bella y sumamente encantadora, y, no me cabe la menor duda de que es mujer.

CARSON —Algunos, con muy pocas excepciones, no gozan de mayor formación. ¿Eso, seguramente, los hace para usted, más interesantes aun?

OSCAR —Posiblemente... La formación no es indispensable para que a mí una persona me resulte interesante. Usted, por ejemplo, es una persona formada.

CARSON —Y, demás está decir, que no le resulto interesante.

OSCAR (RISA) —Ahora que usted lo dice, paradójicamente, sí que me resulta interesante.

CARSON (TOMANDO EL TIMÓN) —Señor Wilde, vamos al grano ¿Ha recibido usted hombres jóvenes en su habitación del Hotel Savoy?

OSCAR —Sí.

CARSON —¿Estos hombres jóvenes usted los ha encontrado en las tabernas, en los muelles, en los barrios humildes de la ciudad?

OSCAR —Aparte de la libertad individual que practican ellos, al igual que los artistas verdaderos, se apartan del conformismo social y de la sumisión a la autoridad. Existe en la sociedad un exagerado, y, digamos, malsano, altruismo cultural, que en vez de desarrollar verdaderamente el talento, lo malogran a través de una política autoritaria, sin eliminar, desde luego, la causa común de tales males: el Capitalismo y el Estado... *"Dondequiera que haya un hombre que ejerza autoridad, habrá también otro que se oponga a ella"*. (*Wilde, O., El alma del Hombre bajo el Socialismo*)

CARSON —Y, en todos los casos, ¿los ha invitado a comer y a tomar vino?

OSCAR —Digamos que, más que a beber, los he invitado a cenar.

CARSON —Y, a veces, también, a desayunar.

OSCAR —Dependiendo de la hora, sí, también a desayunar.

CARSON —Señor Wilde, ¿Mantiene o ha mantenido usted algún tipo de relación "particular" con algunos de ellos? ¿Con el señor Wood, por ejemplo?

OSCAR —¿Que quiere usted decir con "relación particular"?

CARSON —Una relación en la que pudo usted haber mantenido una conducta indecente.

OSCAR (CATEGÓRICO) —Considero que ninguno de mis actos públicos o privados pudieran ser considerado de indecentes.

CARSON —¿Le pagó usted algún dinero al señor Wood por haberlo visitado?

OSCAR —Al contrario, acudió a mis habitaciones a recibir un pago que yo debí hacerle. En esa oportunidad le di un par de libras.

CARSON —¿Por qué tanto, señor Wilde?

OSCAR —En parte porque debía retribuirle un favor que había recibido de él y porque, además, las necesitaba.

CARSON —¿Pudiéramos decir, entonces, que, primero, tuvo algún tipo de relación con él, y luego, le dio dinero?

OSCAR —No tuve ningún tipo de relación con el señor Wood

CARSON —¿Considera lícito que el señor Wood lo chantajeara por el asunto de las cartas?

OSCAR —No tengo por qué juzgar al señor Wood. De eso se encargarán ustedes, yo solo traté con él el asunto de unas cartas que ya no tenían ningún valor para mí.

CARSON —¿No le pareció curioso que un hombre con quien mantenía relaciones íntimas tratara de chantajearle?

OSCAR —Yo no mantenía relaciones íntimas con el señor Wood. En cuanto al pago, hubiese pagado más, de ser necesario, por lo que yo había escrito en esas cartas. No por ellas en sí mismas, ya que el señor Wood cometió la torpeza de entregarme copias fidedignas de los originales. Eso ya era suficiente para mí, a pesar de que quien se encargó de transcribirlas tenía una letra pésima.

CARSON —¿Pensó alguna vez en transformar algunas de esas cartas en sonetos?

OSCAR —Sí, llegué a pensarlo.

CARSON —En aquella época, ¿eran sus editores los señores Elkin Matheus y Jhon Laned?

OSCAR —Sí.

CARSON —¿Se encariñó usted con el muchacho que atendía la oficina de ellos, un joven llamado Eduard Sheller?

OSCAR —Esa pregunta carece de sentido.

CARSON —¿Que edad tenía, en ese entonces, el señor Sheller?

OSCAR —Jamás pregunto la edad a las personas.

CARSON —¿Se puede decir que aparentaba unos... veinte años?

OSCAR (INDIFERENTE) —Pudiera ser.

CARSON —¿Le hizo usted alguna invitación al señor Sheller?

OSCAR —En una oportunidad le invité a cenar en el Hotel Albirnale.

CARSON —Donde también usted había arrendado en varias ocasiones habitaciones para su uso personal

OSCAR —Jamás lo hago para que la usen otras personas.

CARSON —Pero sí para invitarlas a reuniones íntimas.

OSCAR —En efecto, no acostumbro a hacerlas públicas.

CARSON —En este caso, también lo hizo por puro placer intelectual, ¿no es así, señor Wilde?

OSCAR —Para él, con toda seguridad.

CARSON —Cenaron en una de las dos habitaciones contiguas. Luego, es de suponer, pasaron a la otra.

OSCAR —No, todo el tiempo permanecimos en el salón.

CARSON —¿Le ofreció whisky con soda?

OSCAR —Jamás le ofrezco whisky con soda a nadie. Lamentablemente, en esa, y en otras oportunidades que compartí con el señor Shelley, esa fue su elección.

No tuve más remedio que complacerlo. Hubiese preferido que bebiera otro tipo de bebida.

CARSON —Vino, por ejemplo, tal vez, champaña helada, como usted acostumbra.

OSCAR —En el desayuno. Es uno de mis placeres favoritos.

CARSON —Podría decirnos, señor Wilde, ¿cuáles otros placeres son considerados como sus favoritos?

OSCAR —Muchos. Todos giran en torno al arte.

CARSON —¿A la música, por ejemplo?

OSCAR —Desde luego.

CARSON —¿Es cierto que en una ocasión usted llevó a su habitación del hotel a un par de jovencitos que poseían grandes dotes musicales?

OSCAR —No sé a qué se refiere.

CARSON —Uno de ellos, un joven sirio, a quien no se le permitirá declarar, por su... edad, tocaba la flauta, mientras usted recitaba versos extraños al otro joven, niño, también, que lo acompañaba?

OSCAR —Se trataba de fragmentos de mi obra Salomé. Fue una velada maravillosa. No, yo no diría que la excelencia del joven sirio estaba en su capacidad de tocar la flauta. Era, sencillamente, encantador.

CARSON —Aparte de usted y los dos jovencitos, ¿había alguien más en la habitación?

OSCAR DUDA, EL JUEZ LE HACE UNA SEÑA A CAR-SON PARA QUE SE ACERQUE AL ESTRADO.

JUEZ —Abogado Carson, acérquese un momento.

CARSON SE ACERCA AL ESTRADO, EL JUEZ LE DICE ALGO AL OÍDO. CARSON ASIENTE. SE DIRIGE DE NUEVO A OSCAR.

CARSON —Dejemos este tema por ahora, señor Wilde. Dígame: ¿En la oportunidad en la que estuvo con el señor Shelley, le dio usted algún dinero?

OSCAR —En esa que usted menciona, y en dos ocasiones más.

CARSON —¿Un joven que no había cumplido aún los veinte años, pudiera ser una compañía adecuada, o natural, para un hombre, digamos, mucho mayor.

OSCAR —Por supuesto.

CARSON —¿Llegó a invitar en alguna oportunidad a un muchacho llamado Alphonse Conway?

OSCAR —Sí.

CARSON —¿Vendía periódicos en un kiosco del muelle?

OSCAR (RÍE, CON PLACER AUNQUE TAMBIÉN CON RECATO) —Era la única conexión que poseía con la literatura.

RISAS EN EL PÚBLICO.

JUEZ —¡Silencio! Mantenga la compostura, señor Wilde.

CARSON —¿Cómo lo conoció?

OSCAR —En una oportunidad en la que Alfred Douglas y yo estábamos en Worthing. Acostumbrábamos a salir en bote. Un día, unos pescadores trataban de lanzar un bote al agua. Conway y otros muchachos los ayudaban. Cuando terminaron la faena, los invitamos a navegar. Nos hicimos grandes amigos desde entonces. Luego, sí, como usted dice, lo invité a cenar en varias oportunidades.

CARSON —¿A cuál de los dos?

OSCAR —A Shelley.

CARSON —¿En todas esas ocasiones hablaron de literatura?

OSCAR —Lamentablemente, no. Shelley no estaba muy interesado en esas cosas. Había ido a la escuela, pero no había aprendido mucho.

CARSON —¿Era, lo que bien podría decirse, un simple muchacho de campo?

OSCAR —De campo, sí. Era una criatura encantadora.

CARSON —¿Le hizo usted algún obsequio?

OSCAR —Una cigarrera de plata en la que había hecho grabar una dedicatoria. Decía: *"Para Alphonse, de su amigo Oscar Wilde"*. Le di también una fotografía mía.

CARSON —También, dedicada, desde luego.

OSCAR —Sí...Decía: *"De Oscar Wilde, para su amigo Alphonse"*. Espero que no la haya vendido, al igual que la cigarrera.

CARSON —¿Por cuál de los dos obsequios, cree usted que pudo haber recibido más dinero?

OSCAR —Supongo que por la cigarrera, aunque, a decir verdad, la fotografía tiene mucho más valor.

CARSON —¿Se encariñó usted con ese muchacho?

OSCAR —Por supuesto.

CARSON —¿Durante cuanto tiempo estuvieron juntos?

OSCAR —Fue mi compañero durante seis semanas.

CARSON —¿Le compró usted un traje de seda azul marino?

OSCAR —Ese color le sentaba maravillosamente bien a su piel.

CARSON —¿Y un sombrero de paja, con cintas azules y rojas?

OSCAR —No pude convencerlo de lo contrario. Me hubiese gustado otro tipo de sombrero, pero, desgraciadamente, fue su desafortunada elección.

CARSON —Es decir, usted vistió de seda azul marino y un sombrero de cintas multicolores a un kiosquero del muelle.

OSCAR —¿Qué otra oportunidad hubiese tenido él de vestirse de esa manera? No quería que se avergonzara de sus ropas andrajosas cuando fuéramos a Brighton.

CARSON —Para que se viera igual a usted, desde luego.

OSCAR —No, de ninguna manera, yo jamás usaría un sombrero de paja, ni cintas multicolores. Me resultan de pésimo gusto, aunque en él, todo era hermoso, hasta ese horrendo sombrero, aunque, luego que lo pensé mejor, supuse que fue la mejor elección que pudo haber hecho, lucía francamente encantador.

CARSON —¿Conoce usted al señor Alfred Taylor, procesado también en este juicio que se le sigue a usted, señor Wilde?

OSCAR (EN GUARDIA) —Sí, lo conozco.

CARSON —¿Podría decirse que es amigo íntimo del señor Alfred Taylor

OSCAR —De ninguna manera.

CARSON —Pero, frecuentaba usted su casa con cierta regularidad.

OSCAR —Se celebraban reuniones interesantes.

CARSON —Aun así, ¿niega ser su amigo?

OSCAR —No lo he negado, me he limitado a responderle que no mantengo una amistad de intimidad con él como pudiera tenerla con alguien que compartiera mis gustos.

CARSON —¿A cuáles gustos se refiere, señor Wilde?

OSCAR —A los artísticos, naturalmente.

CARSON —Y a sus preferencias por la amistad con personas, hombres, mayoritariamente, jóvenes.

OSCAR —No sabría decirle cuáles son las preferencias del señor Taylor.

CARSON —¿Sabía usted que el señor Taylor acostumbraba a vestirse de mujer, y que, incluso en una oportunidad, celebró una boda, en la que él hacia de novia?

OSCAR (FRANCAMENTE ASOMBRADO, SABÍA DE SUS EXCESOS, PERO NO HASTA ESTE PUNTO, RESISTIENDO LAS GANAS DE REÍR Y LUEGO DE UNA PAUSA) —¡No!

CARSON (SEVERO) —Señor Wilde, es de todos conocido que el señor Taylor mantenía una especie de casa de... encuentros, o, lo que es lo mismo, una casa de citas, a la que acudían personas exclusivamente del sexo masculino. ¿Llegó a ver a alguna mujer en la casa del señor Taylor?

OSCAR —No recuerdo haber visto a ninguna mujer allí.

CARSON —Pero, sí, a muchos jóvenes.

OSCAR —Depende de lo que usted considere "jóvenes" y "muchos".

CARSON —Digamos, unos diez, quince...

OSCAR —Nunca vi más de diez personas allí.

CARSON —¿Podría decirse, entornes, que eran íntimas?

OSCAR —No sabría decirle.

CARSON —¿Recuerda haber conocido en una de las reuniones en la casa del señor Taylor a un joven de nombre Sydney Mavor?

OSCAR —Sí, creo recordarlo.

CARSON —¿Qué edad tenia, entonces, el señor, o, mejor dicho, el joven Mavor?

OSCAR —Alrededor de veintiún, tal vez menos. Tenia, eso sí, la mentalidad de una persona mucho menor.

CARSON —¿Le regaló usted una cigarrera de plata al joven Mavor al mes de haberlo conocido?

OSCAR —Pude habérsela obsequiado mucho antes.

CARSON —¿Hay alguna razón para que un hombre de su edad le regale una cigarrera de plata a un joven a tan sólo un mes de haberlo conocido?

OSCAR —Yo hago los regalos que quiera a las personas que quiera. Mavor se quedó una noche conmigo en un hotel de la calle Albemarle, en octubre de mil ochocientos noventa y dos. Le rogué que se quedara a acompañarme, por placer, por diversión, porque quería estar acompañado esa noche. Me gusta que la gente se quede conmigo. Tomé dos dormitorios, uno para él y otro para mí. Al día siguiente, tomamos juntos el desayuno.

CARSON —¿Ha vuelto a verle?

OSCAR —Estando de paso en Londres, volví a invitarle. Era un muchacho sumamente despierto y agradable.

CARSON —¿Eso es todo? ¿Sólo despierto y agradable?

OSCAR —¿Qué más puede pedírsele a un joven de su edad? Muchos de tales atributos se pierden con el paso del tiempo. También se opacan o marchitan otros, igualmente valiosos.

CARSON —¿Como cuáles, señor Wilde, si tiene la gentileza de exponerlos ante el jurado de este ilustre tribunal?

LAS LUCES DECRECEN DISCRETAMENTE ACENTUANDO DE MANERA ESPECIAL LA PRESENCIA DE WILDE. ÉL LOS MIRA A TODOS, RESPIRA HONDO Y HABLA, AUNQUE CON SUAVIDAD Y DE FORMA DIRECTA, SIN ÁNIMO DE RETAR.

OSCAR —La belleza... La belleza es efímera, sólo el mármol frío, la mano diestra y el espíritu elevado de un escultor sensible puede hacerla perdurable, imperecedera, eterna. Pero en el cuerpo de una persona joven permite hasta que preguntas como estas que usted me hace, dejan de ser ingenuas y puras para hacerse maliciosas, impertinentes y malignas. (EVOCA) *La imagen de aquel cuadro, antes hermosa, angelical, perfecta en líneas y armonías, que dibujan el rostro más hermoso jamás visto, se fue transfigurando y convirtiendo en un amasijo de arrugas espantosas. Las líneas, antes, perfectas de sus pómulos, sus mejillas, su frente, limpia y despejada, ahora se tornaba gris, se agrietaba de tal manera, que daba la impresión de que en algún instante se desmoronarían para convertirse en cenizas.*

SE PRODUCE UN GRAN SILENCIO EN EL RECINTO.

CARSON —Es todo, su Señoría. He concluido.

CARSON SE RETIRA A SU PUESTO.

JUEZ —Su turno, abogado Clarke...

CLARKE, LUEGO DE HABER ESTADO DELIBERANDO EN PRIVADO CON OTROS ABOGADOS, SE DIRIGE AL SITIO DONDE SE ENCUENTRA WILDE PARA DECIRLE ALGO CASI AL OÍDO. NO SE OYE LO QUE LE DICE. WILDE ASIENTE, CON DIFICULTAD Y PESAR. CLARK SE GIRA HACIA EL JUEZ Y LE HABLA CON SOBRIEDAD Y SINCERIDAD.

CLARKE —Con la venia de su Señoría, y de los señores del Jurado... el señor Wilde, aún afectado por los posibles daños a su integridad moral, a su prestigio como artista y a su trabajo público, lejos de desearle un mayor daño al Marqués de Queensburry con su reclamo, desea hacer una aclaración. Asume que el Marqués de Queensburrry no ha hecho una acusación directa en su contra, sino que se limitó a señalar que, lejos de "ser" lo escrito en la tarjeta dejada por el Marqués la noche del día dieciocho de febrero, simplemente *"lo simula"*, *"alardea de serlo"*, o *"posa de tal condición"*. Así, y con la clara intención de ahorrarle al respetable Jurado la necesidad de elaborar un alegato desagradable, y, por demás, innecesario, desea poner fin al debate en curso. Deja, en consecuencia, establecida la total inocencia del Marqués de Queesburry en los posibles daños causados por él y por los que fue sometido a juicio, por lo que ha decidido retirar la demanda en su contra.

JUEZ —En virtud de lo dicho, Lord John Solto Douglas, Marqués de Queensburry queda libre de toda responsabilidad de los cargos que se le imputan en este juicio. Se ordena su libertad inmediata y plena. Podrá, en lo sucesivo, tomar las represalias que considere conveniente. Entre otros, exigir el pago correspondiente a todas las costas que se originaron en el presente juicio. (MARTILLAZO) ¡Se levanta la sesión!

UJIER —¡De pie todos los presentes, por favor!

TODOS, INCLUYENDO LOS ESPECTADORES, SI FUERA POSIBLE, SE LEVANTAN DE SUS ASIENTOS, MIENTRAS EL JUEZ, LOS ABOGADOS DEFENSORES DEL MARQUÉS Y MIEMBROS DEL TRIBUNAL ABANDONAN LA SALA.

TODOS SE DISPERSAN, A LA VEZ QUE ENTRAN ALFRED DOUGLAS, ROSS Y HARRIS, SE DIRIGEN Y DETIENEN EXPECTANTES ANTE WILDE.

LAS LUCES DECRECEN, QUEDANDO TAN SÓLO LA QUE ILUMINA A WILDE EN EL ESTRADO DE LOS TESTIGOS. POR ÚLTIMO, TAMBIÉN SE OSCURECE.

FIN DE LA PRIMERA PARTE.

Segunda Parte

SIMULTÁNEAMENTE A LA ENTRADA O UBICACIÓN
DE LOS ESPECTADORES EN SUS SITIOS, EL ESPACIO Y
ATMÓSFERA SE TRANSFORMAN, CON LA AYUDA DE
CAMAREROS Y CAMARERAS, LAS MISMAS MUJERES
QUE ASISTÍAN AL JUICIO, EN UNA HABITACIÓN DEL
HOTEL SAVOY. SIMULTÁNEAMENTE SE INICIA Y DE-
SARROLLA LA SIGUIENTE ESCENA.

Escena 13

Habitación del Hotel Savoy

CLARKE —No teníamos otra opción que retirar la demanda, declarando inocente a Queensburry. Llamarían a declarar a todas las personas que han sido nombradas en el Juicio, y todos lo harían en tu contra, con lo que quedaría probada la acusación que te hizo.

ALFRED (ALTERADO) —¿Por qué no se me permitió declarar? Puedo hundirlo con sólo decir la clase de persona que es.

ROSS —Las acusaciones en contra de Oscar no tienen otra razón que la necesidad de un padre por defender el honor de su hijo.

HARRIS —Tu padre dejaría en claro que tus acusaciones se debían a tu relación con Oscar.

CLARKE —Ni un solo miembro del jurado hubiese visto con buenos ojos la actitud de Oscar contigo. A ellos no les interesa la perversión en la que pudieran haber caído esos muchachos del muelle, analfabetas y de clases bajas, pero la de una persona como tú, hubiese provocado un escándalo mayor, con perjuicio para Oscar.

ROSS —¿Por qué, si Taylor fue señalado por los testigos como la persona que los manejaba para que cometieran sus fechorías, no fue llamado a declarar?

CLARKE —Porque no sólo daría cuenta de los muchachos que usaba para sus fines de prostitución, sino la de muchos hombres conocidos e importantes de Londres. ¿Por qué crees que ya algunos miembros del Parlamento, de la burguesía y de las clases altas de Londres, que usaban sus servicios se han estado yendo apenas supieron del juicio.

CLARKE —Dos miembros del Jurado fueron retirados por habérseles comprobado haber estado en casas como la de Taylor. Son prostíbulos, a los que las mismas personas que los prohíben son asiduas. Usan a esos muchachos, pero no lo divulgan.

HARRIS (RECRIMINATORIO) —Tú, en cambio, Oscar, los exhibes por las calles de Londres. Andas con ellos en coches, los llevas a los hoteles para que compartan pasillos, mesas y hasta las habitaciones a las que algunos de esos burgueses no podrán entrar jamás. No porque les falte categoría social para hacerlo, sino dinero para pagarlos. Tienes que hacer lo mismo: irte lo antes posible.

OSCAR —El juicio ya terminó, Harris.

CLARKE (SERENO, REFLEXIVO) —La inocencia de Queensburry te hace culpable de la acusación que te hizo. Ahora tiene en sus manos la prueba de haber actuado con rectitud para salvar la moral de su hijo, la de su familia y, en definitiva, la de la sociedad inglesa. No le faltarán testigos que certifiquen todas las acusaciones que él podría hacer en tu contra. Les pagará, si es preciso, los instruirá. Le creerán, Oscar, porque se presentarán como víctimas tuyas. Buscarán a jurados con hijos susceptibles de ser corrompidos por ti. Te harán ver como un ser despreciable y perjudicial. Queensburry no tardará en introducir una demanda en tu contra.

HARRIS —Vete, Oscar. Vete a Francia, a Holanda, a Nueva York. En cualquier ciudad del mundo te querrán recibir. Deja que todo esto pase y regresas.

ALFRED —Cualquier juicio que emprenda mi padre en contra de Oscar, me afectará a mí también, por eso no se atreverá a hacerlo. Oscar, se acaba de estrenar una pieza tuya, la mejor de todas. No es el momento para que te vayas.

HARRIS —De nada servirá el estreno de una pieza, ni siquiera, el éxito que tenga o hayan tenido todas las anteriores. La retirarán de cartelera. El mismo público que te ha aclamado hasta ahora, no querrá saber nada de ti. Un éxito como el tuyo sólo es admisible en Inglaterra, si es de un inglés, y se encuentra al borde de la muerte, o está muerto ya. Jamás en un irlandés en el mejor momento de su vida (TR) Por todo el afecto que te tengo, Oscar, hazme caso, vete ahora que puedes hacerlo.

ALFRED (CON RABIA) —No eres verdaderamente amigo de Oscar como dices, Frank. Si de verdad lo quisieras, no le pedirías que abandone al escarnio público su prestigio, que no defienda su dignidad y que no aplaste como se lo merece a quien ha tratado de destruirlo con injurias. No lo hace por mí, como dice, sino por ti, Oscar. Te odia como me odia a mí. No debes irte como un cobarde, pero si quieres, hazlo, yo seguiré enfrentándolo solo.

OSCAR —No voy permitir que lo hagas, Alfred. Frank, eso que me dices no es lo mejor que me puedes recomendar. "No eres verdaderamente el amigo que dices ser"

HARRIS (DESESPERADO) —Te estás comportando como un perfecto entupido.

ALFRED (SOBERBIO) —Me voy, Oscar. Si decides irte, vete. No volverás a saber de mi, sino cuando me convierta en el asesino de mi padre, el hombre más despreciable del mundo. Frank, actúas en complicidad con mi padre para evitar que Oscar lo destruya como se lo merece.

SALE.

HARRIS (LUEGO DE UNA PAUSA, MÁS CALMADO) —Créeme, Oscar, no tienes por qué enfrentar juicios que no tienes ninguna posibilidad de ganar.

OSCAR (MIENTRAS SE COLOCA LA CAPA PARA TERMINAR DE VESTIRSE Y SEGUIR A ALFRED) —Esa es una buena a razón para hacerlo, Frank. ¿No dicen algunos que sólo soy un escritor de comedias ligeras, fáciles de ver, convencionales y complacientes? Me toca ahora demostrarles que también sé escribir dramas. Voy a emprender, tal vez, a trescientos años de muerto el escritor más grande e insigne de todos los tiempos, la mejor tragedia que se haya escrito ¡jamás! en Inglaterra.

HARRIS (AL BORDE DE LA IMPOTENCIA) —Te dejas llevar al matadero, Oscar, como un cordero.

OSCAR SE DISPONE A SALIR.

OSCAR —*Quienes no aceptan la batalla, Frank, quedan heridos más profundamente que quienes participan en ella. (Carta de oscar al editor del St. James Gazette, 26 de junio de 1890).*

SE DIRIGE A LA SALIDA, CUANDO, ENTRA ROSS.

ROSS —Oscar, tu madre... quiere hablarte.

OSCAR (LÍVIDO) —¿Está aquí?

ENTRA SPERANZA. A PESAR DE MANTENERSE FIEL A SU ESTILO ARBITRARIO DE VESTIR, EN ESTA OCA-

SIÓN LUCE SEVERA, DE ESTRICTO LUTO. EL BASTÓN NO DENOTA EN ELLA DEBILIDAD ALGUNA, POR EL CONTRARIO, SE APOYA EN ÉL PARA ERGUIR AÚN MÁS SU IMPONENTE FIGURA. *(FUGAZMENTE, POR MOMENTOS, ASOMA EN ELLA LA CONDICIÓN IN-CENDIARIA QUE DESARROLLÓ EN SU JUVENTUD, DEDICADA POR ENTERO A LA VIDA SOCIAL Y AL AC-TIVISMO POLÍTICO A FAVOR DE LA INDEPENDENCIA DE IRLANDA DEL IMPERIO BRITÁNICO).*

SPERANZA —Sí, Oscar, aquí estoy.

OSCAR (INTENTA ACERCASE A ELLA) —¡Madre!

SPERANZA —No te acerques, hijo. No vas a sentir el olor a madre que conociste cuando eras aún un niño, sino el de una anciana.

OSCAR —¿Anciana?

SPERANZA —Peor que una anciana, hijo, una mujer cansada. Los ingleses lograron conmigo que agotara mi juventud combatiéndolos. Pero no dejaré de hacer-lo mientras me quede algo de vida por vivir. No aban-donaré mi lucha mientras mi alma siga siendo irlande-sa. Por eso vine, hijo, para pedirte que no renuncies a la tuya...

OSCAR (CONMOVIDO, INTENTA IR HACIA ELLA, CASI INAUDIBLE) —¡Madre!

SPERANZA (LO INTERRUMPE Y DETIENE CON UN GESTO) —¡Tengo setenta años! Tal vez, más, no lo sé. A fuerza de declarar siempre cinco o seis años menos, terminé por ignorar la edad que en realidad tengo. Pero ahora, eso no importa, no hace falta aparentar ser joven cuando ya no se es, cuando las fuerzas del cuerpo no responden a las del alma. (CAMINA, PARA INTENTAR APODERARSE DEL ESPACIO, COMO HA HECHO SIEMPRE) El cansancio de mis piernas, poco a poco, se ha ido apoderando de mi voz, y, muy pronto, lo hará con mis ideas. Cuando mi pensamiento comience a desfallecer, ya no podré seguir luchando por lo que más he anhelado durante toda mi vida. (SE DETIENE, FIRME) Quiero ganarle a la vida la partida, y adelantármele a lo que tenga preparado para mí. Lo que me quede de ella, lo voy a usar para tratar de ver libre la tierra a la que llegaron mis antepasados. Tú eres mi esperanza, hijo, no desfallezcas, sigue enfrentándolos, porque no es tu honra tan sólo la que los ingleses desean doblegar y humillar, es todo lo que representas. No es a un hombre a quien quieren silenciar, es a la Irlanda que está destinada a triunfar. (SE QUIEBRA) No importa de lo que se te acuse, a sus ojos siempre serás culpable. Pero yo te creo inocente, hijo, porque te sé inocente, porque tu verdadero pecado para ellos es ser irlandés. No bajes la cabeza, mi te doblegues. Enfréntalos, tienes la inmensa responsabilidad de denunciarle al mundo nuestra lucha, y en esa batalla vas a lograr tu libertad... y la de nuestra patria. (SE RESISTE AL LLANTO, PERO POSIBLEMENTE, YA NO TENGA FUERZA PARA EVITARLO) Hazlo por mi, hijo, pero, sobre todo, hazlo por Irlanda. Esa es nuestra verdad, y la verdad es lo más valioso que tiene un ser humano. En eso radica la verdadera belleza de su alma, y su única posibilidad de trascender. Lo demás, hijo... es basura.

PAUSA... ENTRA GIDE, CEREMONIOSO, SEGUIDO POR TRES POLICÍAS. UNO DE ESTOS SOSTIENE UNA BOLETA DE ENCARCELACIÓN. VOLTEAN A VERLOS.

GIDE (GRAVE) —Oscar...Traen una orden de captura. El Marqués de Queensburry ha introducido una demanda en tu contra.

SPERANZA —¡No hace falta, señores! Oscar Fingal O'-Flahertie Wills Wilde no necesita orden de captura para cumplir con su deber. (A OSCAR) Ve, hijo. Es tu turno. (A LOS POLICÍAS) ¡Pasen!

SE HACE A UN LADO. MIRA COMO DESPRENDEN A SU HIJO DE LOS ADITAMENTOS DEL VESTUARIO QUE LO CARACTERIZA. SE COMIENZA A OSCURECER EL ESPACIO, POR ÚLTIMO, EL SITIO DONDE SE ENCUENTRA SPERANZA. ELLA SALE, PERDIÉNDOSE EN LA OSCURIDAD Y LLEVÁNDOSE CONSIGO EL ÚLTIMO RESTIGIO DE LUZ.

OSCURO.

AÚN EN OSCURO, SE ESCUCHAN LAS VOCES DE LOS MAGISTRADOS QUE, CON CIERTO ALBOROTO, ENTRAN AL RECINTO. EL ESPACIO SE TRANSFORMA DE NUEVO EN LA SALA DEL TRIBUNAL.

ESCENA 14

SALA DEL TRIBUNAL

LOS POLICÍAS CONDUCEN A OSCAR, YA DESPOJADO DE SUS ADITAMENTOS DE ELEGANCIA, AL ESTRADO DE LOS TESTIGOS.

ENTRA EL UJIER.

UJIER —¡De pie todos los presentes, por favor!

TODOS, INCLUIDO EL PÚBLICO, SI FUERA POSIBLE, INDUCIDOS POR EL UJIER, SE PONEN DE PIE. ENTRA EL JUEZ SEGUIDO POR LOS ABOGADOS DE LA CORTE Y LOS MIEMBROS DEL JURADO, ESTA VEZ EN MAYOR CANTIDAD Y TODOS VESTIDOS DE TOGAS NEGRAS Y PELUCAS. LA ESCENA ADQUIERE UN TONO INQUISI-TORIAL, DENSO Y FUNESTO, TRÁGICO. TODOS SE DI-RIGEN A SUS RESPECTIVOS LUGARES. EL CUADRO SOMBRÍO Y CASI, SI NO DEL TODO, GROTESCO, LO COMPLEMENTA UN GRUPO DE PROSTITUTAS PIN-TARRAJEADAS Y MAL VESTIDAS, Y HASTA HARA-PIENTAS. EN DEFINITIVA, EL CONJUNTO NO ES MÁS QUE UNA PATÉTICA MEZCLA DE SEVERIDAD JUDI-CIAL CON PERVERSIÓN CALLEJERA.

LAS PERSONAS QUE INGRESAN AL RECINTO, PRIN-CIPALMENTE, LAS PROSTITUTAS, ARMAN ESCÁN-

DALO EN BUSCA DE ALGÚN SITIO DONDE UBICARSE, LO HARÁN, POR ÚLTIMO, EN ALGUNO DE LOS BANCOS DEL ESPACIO ESCÉNICO, O, TAL VEZ, TAMBIÉN, DENTRO DE LOS SECTORES QUE OCUPAN LOS ESPECTADORES. EL PROCESO JUDICIAL HA ALCANZADO UN CLIMA CASI DELIRANTE DE PERTURBACIÓN PÚBLICA.

UJIER —Aparte de los acusados, el señor Alfred Taylor y el señor Oscar Wilde, serán llamados a comparecer en este Tribunal Criminal de Justicia a personas, hombres y mujeres, vinculadas con los delitos que se les imputan a los acusados. Los correspondientes al señor Alfred Taylor con respecto a algunos de ellos —si no, a todos— se refieren a los de haber actuado para el otro enjuiciado, el señor Oscar Fingal O'Flahertie Wills Wilde, facilitándole hombres, mayoritariamente, jóvenes, y, en no pocas ocasiones, menores de edad, para que fueran inducidos a la perpetración de hechos perversos de bochornosa e indecente inmoralidad. (ANUNCIA AL FISCAL). El fiscal de la causa, representando al Marqués de Queensbury, y en nombre de su Majestad la Reina Imperial (EL FISCAL ENTRA AL RECINTO CON REMILGADA Y PRECIPITADA URGENCIA). Declaran los testigos

SE ENCIENDE UNA LUZ EN ALGÚN LUGAR DEL PÚBLICO QUE OCUPA LA SEÑORA JANE COTTEN

SEÑORA COTTEN —Mi nombre es Jane Cotten, trabajo como camarera en el Hotel Savoy. Recuerdo que el señor Wilde estuvo allí una noche, en marzo de mil ochocientos noventa y tres. Al principio, tenía para él la habitación trescientos sesenta y uno, y Lord Douglas, la de al lado. Me vi precisada a llamar la atención del ama de llaves a causa de la condición en que estaba la cama de Wilde.

CARSON (DESDE EL ESPACIO ESCÉNICO) —¿A qué se refiere?

COTTEN —Las sábanas. Estaban manchadas de una forma... especial. Acudí a una llamada del señor Wilde. Me pidió que preparara la chimenea de la habitación trescientos sesenta y dos. Allí vi a un muchacho de unos diecisiete años, de cabellos oscuros, muy cortos y rostro pálido.

OSCURO SOBRE JANE.

SE ENCIENDE UNA LUZ EN UNA SILLA O BUTACA DE OTRO SECTOR DEL PÚBLICO, EL CUAL LO OCUPA EL DETECTIVE WILLIAM HARRIS.

WILLIAM HARRIS —Soy detective de la Policía Metropolitana. En mayo de mil ochocientos noventa y tres conseguí acceder por medio de un subterfugio a la casa del detenido Taylor. Las habitaciones estaban en penumbras, había colgaduras, abanicos y cortinas de cintas de colores y otros adornos. Olía a perfumes. Era un tipo de decoración que yo no había visto nunca en Inglaterra.

OSCURO SOBRE WILLIAM HARRIS.

UJIER (DESDE EL ESPACIO CENTRAL) —¡Que pase a declarar el señor Charles Parker!

PARKER SE LEVANTA DE UNA DE LAS SILLAS DE LA PLATEA Y SE DIRIGE AL ESTRADO DE COMPARE-CENCIA. SE SIENTA EN EL LUGAR DE LOS DECLA-RANTES. EL ABOGADO GILL, PAPELES EN MANO, SE DIRIGE HACIA ÉL.

GILL —¿Su nombre es Charles Parker?

PARKER —Sí, señor.

GILL —Se le recuerda, señor Parker, que se encuentra bajo juramento, por lo que debe decir la verdad de los hechos en los que usted participó y de los que tenga conocimiento, por los que están siendo juzgados los dos acusados.

PARKER (PARKER ASIENTE, LIGERAMENTE ASUS-TADO, INAUDIBLE) —Sí... señor.

GILL —No le escuché bien, señor Parker, hable más fuerte, por favor.

PARKER (ALGO MÁS FUERTE) —Sí, señor.

GILL —¿Podría decir su edad, y la, o las, actividades que ha realizado durante los últimos meses?

PARKER —Tengo veintiún años. He estado empleado como ayudante y asistente personal de diferentes se-ñores. Tengo un hermano de nombre William Parker...

GILL —¿En qué trabaja su hermano, señor Parker?

PARKER —Es ayudante de construcción.

GILL —Es decir, obrero.

PARKER (DEJO DE DOLOR) —Igual que yo, señor. Somos humildes y tenemos que trabajar duro para subsistir. Nuestra madre sufre algunas dolencias. Trabajaba de sirvienta, pero la enfermedad se lo ha impedido últimamente. Hace más de dos años que no puede salir de casa, ni valerse por sí misma.

GILL —¿Eso quiere decir que usted se ha visto en la imperiosa necesidad de hacer cosas de variada naturaleza, incluso, algunas con las que no ha estado de acuerdo, y otras que pudieran estar en contra de sus propios principios morales?

CLARKE —¡Protesto, señor juez! El ilustre fiscal de la causa condiciona la declaración del testigo.

JUEZ (AHORA, EL JUEZ CHARLES) (EVIDENTEMENTE PARCIALIZADO) —Intenta, según entiendo, aclarar su situación familiar. En este caso es necesario conocer la predisposición, natural o provocada, que tiene el testigo para cometer las acciones en las que se ha visto envuelto a raíz de su trato directo y personal con los implicados. No da a lugar la protesta. ¡Prosiga, señor Fiscal!

GILL (A PARKER) —En consideración a lo dicho por el Ilustre abogado Clarke, usted está en libertad de contestar la pregunta que le formulé. Se la hago de otra manera, menos (CON INTENCIÓN AL ABOGADO DEFENSOR) "condicionante": ¿Ha tenido usted necesidad y disposición natural para realizar acciones indebidas a partir de su trato personal y directo con alguno con los implicados?

CLARKE (MAS CATEGÓRICO AÚN) —¡Protesto, señor Juez! Aunque los dos implicados estén siendo tratados en un mismo juicio, sus respectivas causas son diferentes, y deben ser tratadas de manera independiente.

JUEZ —Las causas son, en efecto, independientes, pero ambos se encuentran en un mismo expediente. Hay hechos comunes en ellas que deben considerarse de manera simultánea. No da a lugar la protesta. Continúe, abogado Gill.

GILL —Conteste, señor Parker. ¿Se ha visto en la imperiosa necesidad de cometer con alguno de los dos implicados, o con ambos, actos de indebida indecencia?

PARKER —No sé que haya cometido alguna, señor.

GILL —El desconocimiento de la perversión no lo libra de ella, así como tampoco del delito, ignorar las leyes que lo determinan. Conteste, por favor: ¿se ha visto, sí o no, en la necesidad de realizar acciones que pudieran ser consideradas de inmorales y perversas?

PARKER —Nos hemos visto forzados a trabajar en toda clase de asuntos.

GILL —¿Conoce usted a los inculpados en este juicio, los señores Alfred Taylor y Oscar Wilde?

PARKER —Sí, señor.

CLARKE —¡Protesto, señor Juez!

JUEZ —¡No da a lugar la protesta! Los señores Taylor y Wilde están siendo tratados en el juicio, por lo que es natural que también se les relacione en los delitos que se les inculpan. ¿Era eso lo que le inquietaba, Abogado Parker? ¡Prosiga, Abogado Gill!

GILL —¿Podría relatarnos, señor Parker, cómo llegó a tomar contacto con los referidos señores Taylor y Wilde?

PARKER —Un día, a principio de mil ochocientos noventa y tres, hace un par de años, estábamos sin trabajo. Fuimos al restaurant Saint James...

CLARKE, EN SU SITIO REALIZA ALGUNAS ANOTACIONES.

PARKER —El señor Taylor, el de la izquierda, entró al restaurant y nos miró. Se dirigió directamente a nosotros, y entabló una conversación. Al rato, nos habló de las prostitutas de Picadilly Center, diciéndonos que no comprendía cómo los hombres sensibles gastaban su dinero en esa basura pintarrajeada.

LAS PROSTITUTAS PRESENTES, DISEMINADAS ENTRE LOS ESPECTADORES, O JUNTAS, RECHIFLAN Y PROTESTAN.

JUEZ —¡Silencio en la sala! ¡Orden, o las hago salir de inmediato!

LAS MUJERES SE CALMAN.

JUEZ —¡Prosiga, Abogado Gill!

GILL —¿Qué más les dijo el señor Taylor en esa oportunidad?

PARKER —Nos dijo que a pesar de que muchos lo hacían, había unos cuantos más sensatos. Ustedes, nos dijo, refiriéndose a nosotros dos, a mi hermano y a mí, podrían, en vez de gastar dinero en esas mujeres infectas y asquerosas...

LAS MUJERES RECHIFLAN DE NUEVO

JUEZ —Por última vez, señoritas, silencio, o las hago sacar del Tribunal...

GILL (A PARKER) —Prosiga, por favor.

PARKER —Nos dijo que podíamos ganar dinero de "cierta forma" (AL BORDE DEL LLANTO) Yo sabía a qué se refería el señor con eso de "cierta forma".

GILL —¿Qué supuso usted, en ese instante, que era a lo que se refería el señor Taylor?

PARKER —Que podíamos ganar algún dinero si accedíamos a cometer actos indebidos y obscenos. Me provocó contestarle groseramente, incluso, darle su merecido, pero el recuerdo de nuestra madre enferma vino a mi mente, y me contuve. Le pedí que me diera detalles de lo que quería que hiciéramos.

GILL —¿Puede referirlo en este momento?

PARKER —Me apena tener que hacerlo, señor.

GILL —Se encuentra bajo juramento, señor Parker.

PARKER —Le dije que si cualquier viejo con dinero se encaprichara conmigo, yo estaría conforme.

GILL —¿Y el señor Taylor, qué le contestó?

PARKER —Que él conocía a lo más selecto e importante de Londres, y que muchos hombres estarían dispuestos a pagarme.

GILL —¿A cambio de qué?

PARKER —No me lo dijo en ese momento, pero nosotros, mi hermano y yo, entendimos que se refería a cometer con esos señores actos indebidos.

GILL —Así lo entendió usted, y, sin embargo, accedió a hacerlos.

PARKER (OFENDIDO) —Yo no le he dicho que hubiésemos aceptado, Señor.

GILL —Muy bien. ¿Aceptaron —responda, sí o no— las proposiciones del señor Taylor?

PARKER —Sí, señor, aceptamos.

RISAS. MARTILLAZO DEL JUEZ.

GILL —¿Podría referirle al Jurado cómo, cuándo y dónde se sometieron ustedes a las peticiones del señor Taylor de cometer actos ilícitos e indebidos?

PARKER —Se me dificulta hacerlo, señor, es muy doloroso para mí hacerlo público.

GILL —Usted en éste caso no está libre de responsabilidades, por lo que debe colaborar para que la justicia se imparta con el debido peso que ameritan los delitos que estamos investigando. La misma justicia podría considerar la colaboración prestada.

CLARKE —¡Protesto, Señor juez! El testigo está siendo condicionado por el Señor Fiscal.

JUEZ —Abogado Clarke, es sabido por todos, espero que usted no lo ignore, que la justicia favorece a todas aquellas personas que colaboran en el esclarecimiento de hechos punibles. El mismo tratamiento podría favorecer a su cliente si se prestara a aportar datos verdaderos que aclarasen la situación en la que se encuentra, y no se demorara en divagar acerca de ellos, y hacer literatura como la que acostumbra presentar en teatros y en libros. (A PARKER) Al testigo se le recuerda que debe dar constancia de todos los actos en los que participó o estuvo presente. ¡Denegada la protesta! (A GILL) Continúe, Abogado.

GILL —Prosiga, señor Parker.

PARKER —¿Con qué, señor?

GILL —Decía que el señor Taylor le propuso la comisión de actos indebidos, y usted aceptó. (FEROZ) Diga en qué consistieron esas acciones de las que ahora, según parece, se arrepiente, y por qué, según usted, pudieran ser consideradas, ciertamente, de inmorales y perniciosas por parte del Jurado. Diga cómo el señor Wilde participó de dichos actos indebidos.

PARKER —El señor Taylor me pidió que lo visitáramos al día siguiente para presentarnos a un hombre de mucho dinero. Se trataba del señor Wilde (LO SEÑALA) el de la derecha. De allí fuimos a un restaurant de la Calle Rupert. Se nos condujo al segundo piso, a un reservado dónde había una mesa servida para cuatro personas, que estaba iluminada con candelabros y velas encendidas. Aparte de mi hermano y yo, y el señor Taylor, no había más nadie en ese momento.

GILL —¿Qué ocurrió, entonces?

PARKER —El señor Taylor no hizo brindar con licores. Un rato después, llegó el señor Wilde. Cenamos. El señor Wilde no dejaba de hablar. Vi que al señor Taylor le divertían las cosas que decía el señor Wilde. Nosotros nos limitábamos a oír, porque decían cosas que no entendíamos, también, a comer y a beber porque el señor Wilde nos llenaba las copas de vino constantemente. Brindaba y nos hacia beber.

GILL —¿Entiende eso como una incitación a beber?

PARKER —Mas bien, de obligarnos. De no haber sido de esa manera, nosotros no lo hubiésemos hecho, ya que no tenemos costumbre de hacerlo. Aunque, no sé cómo decirlo, llegó un momento en el que yo estuve a punto de marearme, o ya estaba mareado, porque no podía contenerme. Tenía nauseas. En otras condiciones, yo hubiese parado de beber, pero en esa oportunidad, no pude, porque ni el señor Wilde ni el señor Taylor parecían darse cuenta de nuestra situación. Mi hermano estaba igual que yo. Al final, sí, el señor Wilde pareció darse cuenta de cómo estábamos, y dijo que era suficiente, y, refiriéndose a mí, dijo: *"Este muchacho es para mí"*, *¿quieres subir conmigo a las habitaciones del hotel?* Recuerdo haberle dicho al señor Wilde que yo no estaba bien vestido para recorrer los pasillos de un hotel tan lujoso. Él me dijo que no me preocupara por eso, porque subiríamos por los ascensores de servicio. Mi hermano sí había estado antes en ese sitio, ayudando a unos transportistas a llevar unos muebles.

GILL —¿Qué pasó luego, en las habitaciones privadas del señor Wilde?

PARKER —Entramos a un salón. El señor Wilde dijo: Este salón está acondicionado especialmente para mí, ¿te gusta?

GILL —¿Cómo era ese salón? ¿Podría recordarlo?

PARKER —Con grandes cortinas y muebles muy lujosos. Había una chimenea, y, sobre la chimenea, candelabros con velas, que fueron encendidas por un camarero que se presentó a servirle de beber al señor Wilde.

GILL —¿Ya no habían cenado?

PARKER —Sí, señor, pero el señor Wilde parecía insaciable, volvió a comer.

GILL —¿Y usted?

PARKER —Yo quería irme a mi casa.

GILL —Pero que se quedó. ¿Pasó algo especial en esa sala en que el señor Wilde ordenó especialmente para atenderlo a usted?

PARKER —El señor Wilde le dijo al camarero que se fuera, el camarero se fue.

GILL —Prosiga...

PARKER —Brindamos de nuevo. El señor Wilde al ver que yo no quería beber más, me pidió que pasáramos al dormitorio. Allí cometió conmigo un acto de sodomía. Luego, al concluir, me entregó dos libras, diciéndome que volviera dentro en una semana.

GILL —¿Y usted volvió?

PARKER (APENADO) —Sí.

GILL —¿Qué ocurrió en esa segunda oportunidad?

PARKER —Lo mismo que la primera, pero me pagó esa vez tres libras.

GILL —¿Pasó algo especial en esa ocasión como para que el señor Wilde le pagara una libra adicional?

PARKER —El señor Wilde me pidió que hiciera algo que no había hecho la vez anterior.

GILL —¿Podría decir qué le exigió el señor Wilde que hiciera?

PARKER —Sí, señor... (SE DETIENE EXPECTANTE, APENADO).

GILL —Dígalo, (ENÉRGICO) ¿Qué le pidió el señor Wilde que hiciera?

PARKER —Que me vistiera de mujer.

LAS PROSTITUTAS EMITEN UN MURMULLO

GILL —¿Y lo hizo?

PARKER —Sí, señor, me pidió que me imaginara que yo era una mujer, y él mi amante. Tenia que darle esa ilusión.

GILL —¿Podría preguntarle qué ocurrió después?

PARKER (APENADO) —Le pido que no lo haga. Resultaría muy vergonzoso para mí.

GILL —Aparte del dinero que le dio, ¿le hizo le señor Wilde algún otro obsequio?

PARKER —Sí, una cigarrera de plata y un anillo de oro.

GILL —¿Los conserva?

PARKER —No, señor.

GILL —¿Qué hizo con ellos?

PARKER —Los dejé en la casa de empeño.

GILL —¿Ocurrieron otros actos parecidos a los cometidos en ese momento en algún otro sitio?

PARKER —Sí, señor, en su casa de la Calle Tite.

GILL —En la casa en al que vive el señor Wilde con su familia, según entiendo.

PARKER —Creo que sí, señor.

> OSCAR, SENTADO AL LADO DE CLARKE LE DICE AL-
> GO AL OÍDO, (QUE PARKER MIENTE) CLARKE ASIEN-
> TE Y ANOTA ALGO EN SU CUADERNO.

GILL —¿No está seguro?

PARKER —Sí, señor, creo que estoy seguro de que es la casa en la que vive con su familia. Eso fue lo que entendí en ese momento.

GILL —¿Qué ocurrió entre el señor Wilde y usted en la casa en la que él vive con su familia?

PARKER —Pasamos la noche juntos. Me hizo salir antes del amanecer. Me pidió que no hiciéramos ruido.

GILL —¿Cuantas veces antes de su trato con los señores Taylor y Wilde, había usted cometido actos indecentes?

PARKER —Nunca, señor, lo puedo jurar mil veces.

GILL —Ya se encuentra usted bajo juramento. Le recuerdo su obligación de ceñirse a la verdad de los hechos tal y como ocurrieron.

PARKER —Es lo que he hecho, señor.

GILL SE GIRA HACIA EL JUEZ

GILL —Es todo, su Señoría.

JUEZ —Le toca el turno al abogado defensor... Proceda, Abogado Clarke

CLARKE, APARENTEMENTE CANSADO, AGOBIADO, SE LEVANTA Y SE DIRIGE AL TESTIGO.

CLARKE —¿Dice usted, señor Parker, que en la ocasión en la que el señor Wilde lo invitó a su casa, le hizo subir a la habitación?

PARKER —Sí, señor, eso dije.

CLARKE —¿Podría, por favor, describir la habitación del señor Wilde en su casa de la Calle Tite, de la misma manera como lo hizo con el estudio, dónde, también, asegura haber estado?

PARKER —No la recuerdo, señor. Estaba un poco mareado.

CLARK —Pero si recuerda los detalles del estudio. ¿No es cierto?

PARKER —Sí, señor, los recuerdo.

CLARKE —¿Aseguró usted, señor Parker, en su testimonio, que hace dos años, cuando conoció a los implicados en este juicio, tanto usted como su hermano se encontraban sin trabajo?

PARKER —Sí, y también el estado en el que se encontraba nuestra madre.

CLARKE —Muy enferma, dijo, y sin recursos.

PARKER —Sí, señor.

CLARKE —También se refirió usted a que tomó contacto con el señor Taylor en la oportunidad en la que tanto usted como su hermano se encontraban en el Restaurant Saint James de la calle del mismo nombre, ¿Es cierto?

PARKER —Sí, señor. Habíamos ido esa noche al Restaurant Saint James.

CLARKE (NATURAL) —¿Esa noche, dice? Es decir, fueron a cenar.

PARKER —... Seguramente... sí, Señor

CLARKE —Diga, sí o no.

GILL SE LEVANTA.

GILL (AL JUEZ) —Su Señoría, no veo la relación entre un hecho tan intrascendente como el que el testigo haya ido o no a un restaurant a cenar con los delitos de inmoralidad que se debaten en este juicio.

JUEZ (A GILL, MODERADO) —En efecto, pero no se puede negar, Abogado Gill, que la referida noche en la que el testigo se encontraba cenando con su hermano, tuvo contacto con uno de los implicados. Eso es lo importante, según entiendo, en este caso. Prosiga, abogado Clarke, es conveniente que queden perfectamente aclarados los acontecimientos de esa noche, y, sobre todo, (AMENAZANTE HACIA PARKER, PARKER REGISTRA) la forma cómo participaron en ellos (ENFATIZA) "todos" los que están incursos.

LE HACE UNA SEÑA CON LA MANO AL ABOGADO GILL PARA QUE MANTENGA LA CALMA.

CLARKE (CON CALMA Y DUEÑO DE LA SITUACIÓN) —Muy pocas veces yo he tenido oportunidad de cenar en el Restaurant Saint James. En todas, he tenido la dicha de haber sido invitado por personas de grandes

posibilidades económicas, (AGUDO) porque, simplemente, señor Parker, hay que ser adinerado para darse
el lujo de cenar en el Restaurant Saint James. Si mal no
recuerdo, y eso lo podemos verificar, un plato preparado con un muslo de pollo, servido con vegetales al
vapor, cuesta dieciséis chelines, es decir, el doble de lo
que pudiera haber costado cualquier medicina con la
que hubiera curado, o, al menos, calmado, cualquier
dolencia que pudiera sufrir su madre enferma, y suficiente para que tanto ella como usted y su hermano,
comieran durante, por lo menos, unos cuatro días, tal
vez, más. Claro, midiendo sus gastos, y comportándo-
se como lo hizo, según dice, en la casa del señor Wilde,
en la que no aceptó la invitación a comer que él le
hiciera a comer (A MATAR) Señor Parker, ¿De dónde
obtuvieron usted y su hermano dinero para cenar en
uno de los restaurantes más costosos de la calle Saint
James, si no, el más costoso de todos?

PARKER (ACORRALADO) —Yo...es decir, nosotros...
habíamos estado... trabajando en una compañía...

CLARKE (CONTUNDENTE) —¿Como ayudantes de
construcción?

PARKER —... Sí, señor.

CLARKE, EN UNA ACTITUD MUY TEATRAL, SE GIRA
HACIA EL JUEZ.

CLARKE —Es todo, su Señoría.

SE DIRIGE A SU PUESTO, AL LADO DE WILDE. LE DICE ALGO AL OÍDO AL ABOGADO MATHEUS. ESTE SE LEVANTA Y LE HABLA AL UJIER. CLARKE SE SIENTA AL LADO DE WILDE.

MATHEUS (BAJO) —¡Que comparezca el señor Alfred Wood!

EL UJIER SE DIRIGE AL CENTRO DEL ESPACIO Y LLAMA EN VOZ ALTA.

UJIER —Se le pide al señor Alfred Wood, que se presente a prestar declaración.

WOOD SE LEVANTA DEL SITIO EN EL QUE SE ENCUENTRA, EN ALGÚN SECTOR DEL PÚBLICO Y SUBE AL ESTRADO. SE SIENTA. EL ABOGADO MATHEUS LO CONFRONTA.

MATHEUS —Señor Wood... ¿Conoce usted de trato directo a alguno de los dos señores implicados en este caso?

WOOD —A los dos. En mil ochocientos ochenta y nueve. Yo estaba sin trabajo. Fue en esa época cuando conocí al señor Taylor. Me invitó a vivir en su casa.

MATHEUS —¿Y usted, aceptó?

WOOD —Sí, señor. Dormíamos en una misma habitación.

MATHEUS —¿Cuantas camas había en esa habitación?

WOOD (LEVE DUDA) —... Una sola, señor.

MATHEUS —¿Conoció usted al señor Wilde en la misma casa donde usted vivía con el señor Taylor?

WOOD —No, señor. Le fui presentado al señor Wilde en el Café Royal por un caballero.

MATHEUS —¿Quién es ese caballero?

WOOD —... El señor Alfred Douglas

MATHEUS —¿Qué ocurrió ese día, señor Wood?

WOOD —El señor Wilde me invitó a tomar algunos tragos. Luego cenamos.

MATHEUS —¿Y, después?

WOOD —Fuimos a la casa del señor Wilde. Según noté, no había nadie allí.

MATHEUS —¿Qué ocurrió en la casa del señor Wilde?

WOOD —Subimos a un dormitorio...

MATHEUS —¿Qué ocurrió en el dormitorio, señor Wood?

WOOD —Ocurrió un acto de...vergonzosa indecencia. El señor Wilde usó su influencia para obligarme a beber.

MATHEUS —¿En la habitación, señor Wood?

WOOD (DUDA) —Sí, señor, había una mesa con licores... en realidad, no estoy seguro.

MATHEUS —Pero, ¿bebieron?

WOOD —Sí, señor.

MATHEUS —Creo haberle oído decir que era aun de día cuando el señor Wilde lo llevó a su casa.

WOOD —No recuerdo haberlo dicho.

MATHEUS —Bien, le pregunto, entonces, ¿era de día cuando el señor Wilde lo llevó a su casa?

WOOD —... Era de tarde, señor, pero no recuerdo la hora.

MATHEUS —¿Podría decir la fecha en la que el señor Wilde lo llevó a su casa?

WOOD —Fue durante... el mes de agosto...

MATHEUS —¿Aún no era de noche?

WOOD —No, señor, aún no era de noche.

MATHEUS —Es decir, que aún entraba la luz del día por las ventanas.

WOOD —Sí, señor, en realidad... no sabría decirle.

MATHEUS —Usted describió el salón de la casa del señor Wilde, ¿cierto?

WOOD —Sí, señor, (MEMORIZADO) dije que había un estante lleno de libros, una chimenea, candelabros, muebles lujosos...

MATHEUS —Y dijo algo con relación a las cortinas.

WOOD —Sí. Eran muy lujosas, de color rojo. Y un cuadro con gente en un campo...

MATHEUS —Digamos... "bucólico"...

WOOD —¿Cómo, señor?

MATHEUS —Las ventanas...En la habitación del señor Wilde, las ventanas, ¿estaban abiertas o cerradas, señor Wood?

WOOD (DESPREVENIDO) —No sabría decirle, señor.

MATHEUS —¿Pero, era tan lujosas como las del salón?

WOOD —Creo que sí...

MATHEUS —¿No está seguro?

WOOD —Lo estoy. Sí, eran muy lujosas y estaban cerradas.

MATHEUS —Sin embargo, usted asegura que la luz del Sol entraba a través de las ventanas, lo cual era de esperarse durante el mes de agosto.

WOOD —Sí. (DUDA, MUESTRA SEÑALES DE ACALORAMIENTO) En realidad, sí... eso fue lo que dije.

MATHEUS —Las cortinas eran lujosas, de color rojo, y estaban corridas, aun así, la luz del Sol entraba por las ventanas.

WOOD (CONFUSO) —Creo que sí, las ventanas entraban... quiero decir la luz entraba por las ventanas.

GILL —¡Protesto, Su señoría! No es necesario que las cortinas estuvieran abiertas o cerradas para que el testigo se haya percatado de la luz del Sol.

JUEZ (A MATHEUS) —¿A dónde quiere usted llegar, Abogado?

MATHEUS —Deseaba constatar la sensibilidad del testigo para reconocer la calidad de las cortinas del señor Wilde. Es todo, Su Señoría, he concluido.

MATHEUS SE DIRIGE A SU PUESTO Y TODOS ASUMEN SUS NUEVOS ROLES, A LA VEZ QUE LAS LUCES SE ENSOMBRECEN PARA CREAR UN AMBIENTE MAS DENSO.

ALFRED, ALTERADO, ENTRA AL RECINTO.

ALFRED (ALTERADO) —Las declaraciones de esa chusma infecta no podrán promover tu culpabilidad, Oscar. Son ellos los que deberían ser juzgados y condenados. ¿Qué son esas prostitutas enfermas, esos chantajistas especuladores y ladrones para que la justicia de Inglaterra se valga de ellos para culparte de actos, de los que no hay una sola persona en este país que no haya realizado?

ESCENA 15

ESPACIO NEUTRO

OSCAR Y EL ABOGADO CLARKE SE QUEDAN EN ESCENA. DURANTE EL CAMBIO AMBIENTAL. CLARKE RECOGE SUS PAPELES Y CARPETAS. OTROS REUBICAN LOS ELEMENTOS ESCÉNICOS. ALFRED DOUGLAS PARA LA FECHA NO SE ENCONTRABA EN LONDRES, SIN EMBARGO, SE USA SU PRESENCIA POR CONVENIENCIA DRAMÁTICA. ENTRAN TAMBIÉN FRANK HARRIS Y ROBERT ROSS. ALFRED VISTE UN TRAJE FORMAL NEGRO.

ALFRED (EN CONTINUIDAD) —... deambulan por las calles, delante de las narices de las autoridades, que se mantienen ciegas, mudas, permisivas, ¡cómplices! de quienes deberían ser los primeros en ser juzgados.

OSCAR (SERENO) —Ellos no tienen más normas de moralidad que las que su sobrevivencia les impone. No se visten para agradar. Su tragedia es que no pueden permitirse más lujos que el sacrificio. Los pecados bellos, como los objetos bellos, son privilegio de los ricos (*El retrato de Dorian Gray*).

FRANK —Lejos de considerarlos delincuentes, los convierten en víctimas de quienes pueden pagar costas judiciales y beneficios. Te concedieron la fianza, Oscar, te dieron la oportunidad de salir, porque es el último beneficio que obtendrán de ti.

ALFRED —Se la concedieron porque no dudan de su inocencia. Mi padre no pudo demostrar que los delincuentes que entrenó para que declararan en su contra fueran creíbles. El Abogado Clarke logró desenmascararlos a todos.

CLARKE —Desenmascararlos a ellos, sí, pero no demostrar la inocencia de Oscar. (A OSCAR) La verdad que intentan imponer ya está escrita en tu historia, y, posiblemente, en la historia de Inglaterra. Yo seguiré defendiéndote. Aunque yo mismo haya pedido la fianza, sé que esto, tal vez, sea el fin de mi carrera. El mejor consejo que puedo darte es que te vayas de inmediato. Esto afectará mi carrera, porque estoy seguro de que si te declaran culpable, no podré contar con un solo cliente más en toda mi vida de abogado, pero, vete, Oscar, vete de Inglaterra lo antes posible.

OSCAR —No puedo defraudar a quienes dieron el dinero de la fianza, dinero que yo, con los gastos que he tenido que hacer, los saqueos a mi casa, el retiro de mis piezas de los teatros y la ausencia del público a mis obras, he dejado de percibir.

FRANK —Los boxeadores del Marqués han entrenado a cuadrillas de matones para que golpeen a las personas que asistan a los teatros en los que se presentan tus piezas.

CLARKE —Voy a exigirle al Tribunal que tome en cuenta esos hechos, pero el que no los hayan impedido hasta ahora, es una señal de que lo que buscan es justificar la acusación en tu contra.

HARRIS (A OSCAR) —Esta tarde, en el club, cuando le hablé de ti a un amigo, que nada tiene que ver con el arte, ni con el teatro, tuvo la bondad de poner a mi disposición una embarcación con la que podremos llegar a la frontera de Francia en pocas horas.

OSCAR —Me impedirán salir.

ROSS —Ahora, tienes libertad para moverte, pero si vuelves a ese tribunal, saldrás de allí directamente a la cárcel.

OSCAR —Hablan como si mi condena es segura.

HARRIS —Tus pertenencias fueron subastadas el mismo día y en el mismo lugar donde viviste con tu mujer y tus hijos. A ella no le quedó más opción que irse del país.

CLARKE —La sentencia, con toda seguridad, ya está tomada. No tenemos ahora, ni siquiera el recurso de abandonar el caso, o declararte culpable. La ley a la que han apelado, que estaba abolida, no contempla ningún tipo de beneficio para el delito de perversión e indecencia.

ROSS —La sodomía no le es extraña a ningún miembro de la sociedad inglesa, incluidos todos y cada uno de los miembros del tribunal de justicia que representa la moralidad de su Majestad la Reina, por haberla practicado cientos de veces, pero no la permitirán en ti, que te has burlado miles de veces de todos ellos. (ABRE SU LIBRETA DE NOTAS Y LEE) *"La Cámara de los Comunes no tiene nada que decir, y lo dice"... "La forma de gobierno más adecuada para el artista, es la falta de gobierno". "Para entrar en la Alta Sociedad en estos días, solo se necesita dar de comer a la gente, entretenerla o escandalizarla, ¡eso es todo!". "Me fascina la Alta Sociedad londinense! Me parece que ha mejorado muchísimo. Está compuesta en su totalidad de idiotas bellos y lunáticos brillantes, precisamente, lo que debe ser la Alta Sociedad". "La miseria y la pobreza son absolutamente degradantes, ejercen un influjo tan paralizante sobre la naturaleza humana, que las clases pobres nunca están realmente conscientes de su sufrimiento".* Y uno más, Oscar: *"En la iglesia anglicana, el hombre obtiene éxito no por su credulidad, sino, por su incredulidad. Muchos clérigos de mérito, que pasan la vida haciendo admirables obras de caridad, viven y mueren desapercibidos y desconocidos, pero es suficiente con que algún practicante frívolo y carente de educación, se levante en su púlpito y exprese sus dudas sobre el Arca de Noé, para que medio Londres acuda en masa a oírlo...* Por esto te obligarán a guardar silencio, a que ocultes en prisión lo que abiertamente has dicho en los teatros. En la cárcel no podrás hablar. Te impondrán silencio absoluto, serás penalizado si abres la boca, aunque sea para saludar o decir que tienes frío o calor, o que la comida que te dan está podrida. Los otros prisioneros, se negarán a hablarte, porque saben el castigo que les espera si lo hacen. Estarás encerrado en una celda más pequeña que el armario que ahora usas en tu casa para guardar tu ropa. Allí perderás el olfato de tanto oler tus propias excrecencias. No te dejarán botarlas más de una vez a la semana. Verás como disminuyen poco a poco tus facultades mentales. Preferirás la muerte al suplicio de no oír más que los pasos de los vigilantes y los gritos y lamentos de los que, poco a poco, van enloqueciendo antes que tú. Tus manos, que ahora has usado para sostener pitilleras de oro y escribir, las verás ensangrentadas por el trabajo que te obligarán hacer. Tendrás que peinar con tus propios dedos cientos de yardas de cuerdas ásperas, tan rusticas y cortantes como si estuvieran llenas de espinas. Tú mismo lo dices en una de tus obras, Oscar (TOMA UN GUIÓN DE LA PIEZA "UN MARIDO IDEAL", Y LEE. EL MISMO TEXTO SERÁ REPRESENTADO EN LA PRÓXIMA ESCENA) *"Quienes han pasado por este suplicio, y sobrevivieron, no lograron ver la luz del Sol más que una vez por semana y tan sólo por dos miserables horas. Comían la comida más repulsiva que pudiera imaginarse. Que ironía ¿Verdad? Se imagina a Usted, acostumbrado a los banquetes más exquisitos de la sociedad inglesa, comien-*

do una comida tan nauseabunda, que ni los mismos perros aceptarían. Sin contar con que no le permitirán hablar con ningún otro de los tantos infelices que verá tan sólo una vez a la semana, cuando caminen en el patio, unos detrás de otros, como zombis...

OSCAR —Querido Robbie, eso es literatura, es ficción...

HARRIS —La vida, Oscar, imita al arte, lo has dicho cientos de veces. Te toca a ti, ahora, entenderlo.

OSCAR (LUEGO DE UNA PAUSA, DESPACIO, Y, AL PRINCIPIO, MUY BAJO) —Este proceso me ha liberado de un peso muy grande que he llevado hasta ahora. Si me voy, les daré la razón a todos los que me acusan. Ratificaré los cargos que se me imputan, ya no tendré razón alguna para escribir. Seré un proscrito. Lo único que puede salvarme, no es irme del lugar dónde se me juzga de la manera más despiadada, sino mi verdad. Si no la sostengo ahora en el tribunal, no podré exponerla jamás en ningún escenario del mundo.

> OSCAR HA ESTADO VISTIÉNDOSE DE MANERA ELE-
> GANTE, CAPA, GUANTES, SOMBRERO DE COPA,
> ETCÉTERA.

OSCAR (COMO SI ESCRIBIERA SU PROPIO EPITAFIO) —Húndase Roma en el Tíber, y que el arco inmenso de la arquitectura del imperio se desplome. Aquí está mi invierno. Los reinos son de arcilla, nuestra tierra fangosa nutre lo mismo a la bestia que al hombre. (SE ACERCA A HARRIS) la nobleza de la vida consiste en hacer esto (LO BESA CON SUAVIDAD EN LOS LABIOS Y CONTINÚA AVANZANDO). Cuando una pareja así, como dos seres como nosotros pueden hacerlo, el mundo debe declararlos incomparables...

(SHAKESPEARE, MARCO ANTONIO Y CLEOPATRA, PRIMER ACTO, PRIMERA ESCENA)

OSCAR, PARA TERMINAR DE VESTIRSE, SE COLOCA LA CAPA.

OSCAR (A TODOS, Y DISPUESTO YA A SALIR) —He proclamado constantemente la adoración que siento por mi mismo, por mis ideas. No poseo más armas ni razones, ni más equipaje, que mi talento. Es hora, entonces, de que todos lo conozcan.

ALFRED SE DIRIGE A UN EXTREMO DEL ESPACIO Y FRANQUEA LA SALIDA. OSCAR SALE. ALFRED MIRA A TODOS LOS PRESENTES EN CLARA ACTITUD DE RETO Y SALE DETRÁS DE OSCAR.

PAUSA. TODOS SE MIRAN, LUEGO, SE DISPERSAN. LOS MISMOS ACTORES MOVILIZAN LOS ELEMENTOS PARA CONVERTIR EL ESPACIO EN UNA SALA DE ENSAYOS DE UN TEATRINO.

ESCENA 16

TEATRO, SALA DE ENSAYO

EN UNO DE LOS EXTREMOS SE ENCUENTRA EL ES-
CENARIO, EN EL OTRO, UN PALCO. EN EL ESPACIO
CENTRAL SE MUEVEN LOS BANCOS DE MANERA DE
FORMAR UNA ESPECIE DE PLATEA DE ESPECTADO-
RES.

UNA COMPAÑÍA TEATRAL ACTORES, DIRECTOR Y
TÉCNICOS, ENSAYAN *"UN MARIDO IDEAL"* DE WIL-
DE.

AVANZADA LA ESCENA, Y YA DISPUESTOS TODOS
LOS ELEMENTOS AMBIENTALES, POR UN LATERAL,
ENTRE PENUMBRAS, TRATANDO DE NO HACER
RUIDO PARA NO INTERRUMPIR A LOS ACTORES, EN-
TRAN OSCAR Y BOSIE. OCUPAN EL PALCO. SE LIMI-
TAN A OBSERVAR LA EJECUCIÓN DE LOS ACTORES.
POR MOMENTOS, Y EVIDENTEMENTE DISGUSTADO
POR LA DEBILIDAD DE ALGUNO DE ELLOS, OSCAR
HACE ALGÚN COMENTARIO AL OÍDO A BOSIE,
QUIEN PARECIERA QUE APROBARA CON SEVERI-
DAD, AUNQUE SIN DARLE MAYOR IMPORTANCIA.

EL ACTOR, A PESAR DE NO SER ÓPTIMO, NO DEJA DE
INTERPRETAR CON CORRECCIÓN EL ROL PRO-
TAGÓNICO DE LA PIEZA.

SIR ROBERT CHILTERN —¿Decía usted, señora Cheveley, que tenía algo importante que decirme?

SEÑORA CHEVELEY —Las cosas importantes las dejo para que la resuelvan los hombres. Señor Robert, se trata de un asunto político relacionado con las finanzas.

SIR ROBERT CHILTERN —¿A qué se refiere?

SEÑORA CHEVELEY —Al canal que piensa construir la compañía argentina, y del informe que usted realizó al respecto.

SIR ROBERT CHILTERN —Sí, decía que es completamente inconveniente. Pienso entregar el informe mañana a la Cámara de los Comunes, para que se considere la suspensión inmediata de ese proyecto.

SEÑORA CHEVELEY —Eso es, precisamente, lo que quiero impedir que haga. Su opinión es muy autorizada en lo que a canales se refiere. Usted era secretario de Mister Rerayley cuando el gobierno compró las acciones del Canal de Suez.

SIR ROBERT CHILTERN —El Canal de Suez era una empresa grandiosa, nos abría la ruta directa de la India. Tenía un gran valor para el Imperio Británico. En cambio, este proyecto argentino que usted menciona no es más que una estafa bursátil. Es un proyecto que no tiene la más mínima posibilidad de éxito. Espero que no haya arriesgado usted ninguna cantidad en él. Lo lamentaría muchísimo.

SEÑORA CHEVELEY —He invertido sumas considerables. Y ese es el asunto.

SIR ROBERT CHILTERN —En tal caso, lo único que me resta es aconsejarle que se retire de inmediato de ese negocio, a riesgo de perderlas.

SEÑORA CHEVELEY —Señor Robert, no le estoy pidiendo consejos. Lo que deseo, simplemente, es que usted retire el informe donde declara inconveniente la construcción del Canal. Es lo que quiero para mi conveniencia, pero también podría serlo para la suya.

SIR ROBERT CHILTERN (EN GUARDIA) —¿En qué sentido? Explíquese, señora Cheveley

SEÑORA CHEVELEY —Quiero que no sólo que retire el informe en el que declara inconveniente el proyecto de construcción del canal, sino que, además, lo recomiende ampliamente.

SIR ROBERT CHILTERN —No puedo creer que usted esté hablando en serio.

SEÑORA CHEVELEY —Si hace usted lo que le pido, le pagaré una cantidad de dinero considerable, que fijaré yo, de acuerdo la amplitud misma de sus recomendaciones para la construcción del Canal.

SIR ROBERT CHILTERN —¿Pagarme?

SEÑORA CHEVELEY —Exactamente.

SIR ROBERT CHILTERN —Temo no comprender bien lo que quiere usted decir.

SEÑORA CHEVELEY —Todo el mundo tiene en la actualidad una tarifa, pero lo malo es que la mayoría de las personas son terriblemente baratas. Yo sé que usted será razonable en sus peticiones y me exigirá que le pague la mayor cantidad posible.

SIR ROBERT CHILTERN —Voy a hacer que llamen a su cochero para que se vaya inmediatamente. Ha vivido usted mucho tiempo en el extranjero y no parece comprender que habla con un caballero.

SEÑORA CHEVELEY —Comprendo perfectamente que hablo con un hombre que ha cimentado su fortuna en la venta de un secreto de estado.

SIR ROBERT CHILTERN —¿Cómo dice?

SEÑORA CHEVELEY —Conozco el verdadero origen de su fortuna, y de su carrera. Tengo una carta suya en la que usted le recomendaba al barón Arnhein Radley, cuando era su secretario, que adquiriera las acciones del canal de Suez. Esa carta, señor Robert, la escribió usted tres días antes de que el gobierno hiciese pública la compra del Canal. Usted creyó que la había destruido, pero —que necedad eso de las cartas que se dejan olvidadas por allí— de la forma más extraña, llegó a mis manos. Aquí tengo una copia de ella (LA SACA.

LEE) *Estimado*, etc., etcétera... Dice usted: *En vista de las altas posibilidades de expansión del Canal de Suez, próximo a ser adquirido por el gobierno inglés, creo conveniente que agilice usted los trámites para comprar la mayor cantidad posible de acciones. Estaré, siempre dispuesto a servirle...* (DOBLA LA CARTA) ¿Qué le parece? (SE LA OFRECE) ¿La quiere conservar? Ahora vengo a venderle el original de esa carta, y el precio que le pido es que preste públicamente todo su apoyo al proyecto argentino. Usted ha hecho una fortuna gracias a un canal, puede perfectamente ahora ayudarme a mí hacer lo mismo por medio de otro.

SIR ROBERT CHILTERN — ¡Esto es una infamia!

SEÑORA CHEVELEY —Es el juego de la vida, tal y cómo tenemos todos que jugarlo. Su parte ahora consiste en aceptar lo que le propongo.

SIR ROBERT CHILTERN —Me niego rotundamente a aceptarlo.

SEÑORA CHEVELEY —Recuerde, Mister Robert, a dónde lo ha elevado el puritanismo de Inglaterra. En esa maniática costumbre de moralidad, todos deben exhibirse como modelos de buena conducta, de incorruptibilidad y de otra sarta de virtudes morales tan falsas, como innecesarias. No pasa un solo año en Inglaterra sin que se desplome alguien. Antes lo escándalos les otorgaban prestigio, ahora los aplastan, porque todos tienen una deuda que pagar con eso que ellos mismos llaman "justicia". (TR) Si llegasen a enterarse que en su juventud siendo usted secretario de un ministro importante, vendió por una fuerte suma de dinero un secreto del Gabinete, el cual que se convirtió en el origen de su opulencia y de su carrera, seria usted expulsado de la vida pública como un perro. Tendría que desaparecer para siempre, sin que antes dejara de dar cuenta en los tribunales, y, posiblemente, sufrir la más humillante de las condenas. ¿Conoce como funcionan las cárceles de este país? Yo sí, Mr. Robert, no porque haya estado en ellas, sino por lo que sé de otros que no han logrado sobrevivir a la oscuridad que reina ellas, la más espantosa posible. No veían la luz del sol más que una vez por semana y tan solo por dos miserables horas. (TOTALMENTE CRUEL) Comían la comida más repulsiva y asquerosa que pudiera imaginarse. Que ironía, ¿verdad? ¿Se imagina a Usted, acostumbrado a los banquetes más exquisitos de la sociedad inglesa, comiendo una comida tan nauseabunda, que ni los mismos perros aceptarían? sin contar con que, ¿le cuento? no le permitirán hablar con ninguna otra persona de los tantos infelices que sólo podrá ver una vez a la semana, cuando caminen unos detrás de otros como zombis... ¿Horrible, verdad?

SIR ROBERT CHILTERN (TITUBEA) —Deme tres días para pensarlo.

SEÑORA CHEVELEY —Imposible, Señor Robert, esta misma noche debo informar a mis apoderados para que realicen las acciones relacionadas con el canal. No le concedo más de dos horas...Y, ahora, sí, señor Robert, puede ordenar a mi cochero que venga a buscarme. Voy al tocador. Las mujeres debemos mostrarnos bellas, para aparentar ser débiles. ¡Permiso!

SALE. ROBERT QUEDA PERPLEJO.

DIRECTOR DEL MONTAJE —Bien, paren el ensayo. ¡Enciendan las luces, por favor!

EL ESPACIO DE SE PLENA DE LUZ CONVENCIONAL, HOMOGÉNEA.

DIRECTOR (NATURAL, DE MANERA ÍNTIMA, A LA ACTRIZ, QUE YA SE ENCUENTRA CERCA DE ÉL) —La descripción que haces de la prisión debe ser más dura, cruel y más clara en la explicación que le haces a Robert de lo terrible que será esa situación para él. Debes ser convincente. Él debe sentir que está en tus manos. No creo que te cueste, has adelantado mucho, (ALGO MAS SEVERO) pero tú, no, Arthur, no avanzas, no logras expresar el conflicto de Robert, si ella llegara a declarar que tu participaste de la compra fraudulenta de las acciones del Canal de Suez, irías a prisión de inmediato, pero, entiéndelo, tu prestigio, tu familia entera, se desmoronarían... Eso debes hacerlo sentir.

ARTHUR (LLEVÁNDOSE LA S MANOS A LA CABEZA, DENOTANDO DUDAS Y CIERTA ANGUSTIA) —Hoy no me sentí del todo bien. Tengo que fijar más la letra.

Además, la presencia del autor de la pieza, el señor Wilde, me turbó, y... y no pude...

OSCAR (MODERADO, CORTÉS) —Le pido excusa, señor Collins, no fue mi intención. Pero es cierto, debo decirle que lo veo débil, no consigue ni el carácter del personaje, ni proyecta el riesgo en el que se encuentra. (CON MEDIDA SEVERIDAD) Parece no importarle en absoluto el ir a la cárcel, a podrirse, tal y como lo explica la señora Cheveley. Esta pieza, y el personaje tiene referencias extraordinarias, lo han hecho actores excelentes, por lo que usted no puede permitirse no alcanzar un mejor nivel de interpretación...

ARTHUR (CASI MUDO DE LA INDIGNACIÓN) —Discúlpeme, señor Wilde. Usted debe entender que estoy en pleno desarrollo del personaje. Yo, como actor, no "suelto" en los ensayos, yo me "guardo" para las funciones...

OSCAR —Eso es muy malo, señor Collins. Debe usted darse por entero, sentir, vibrar, conmoverse usted mismo, y a todos, en cada uno de los ensayos. Solo así podrá transformar paulatinamente su alma en la de ese otro ser que no es usted.

ARTHUR —¿Qué insinúa, señor Wilde?

OSCAR (CLARO, Y ALGO DURO) —¡Que no me gusta lo que usted hace, señor Collins! El público, aunque desee ver lo que escriben los autores de una pieza, se dejan convencer por lo que hacen y dicen los actores que la interpretan. No basta que una obra esté bien escrita, para que, también, esté bien actuada. No quisiera ser duro con usted, pero, si no trabaja con más ahínco, el personaje le quedará corto. Es eso lo que le quise decir, no insinuar. Las insinuaciones las dejo para ocasiones menos importantes para mí que el ensayo y la representación de una de mis piezas.

ARTHUR —¡Señor Wilde, yo he representado a Shakespeare!

OSCAR (AHORA, SI, MÁS SEVERO Y ALTERADO, SE LEVANTA) —Y a mí, Shakespeare, en este momento, me tiene sin cuidado, señor Collins! No está interpretando una pieza de Shakespeare, sino una mía. Si desea que hablemos de Shakespeare, con gusto, podríamos hacerlo durante horas, es el autor que más conozco, pero no creo, en absoluto, que usted haya hecho algo importante con un autor de esa magnitud. Me disculpa, pero le pido que sea más cuidadoso con el trabajo que realiza, y se esmere en estudiar más a fondo el personaje, porque parece que no lo entiende, ni...

OSCAR, REPENTINAMENTE, SE DESPLOMA. SE CUBRE EL ROSTRO CON LAS MANOS, SE SIENTA.

OSCAR (LUEGO DE UN BREVE TIEMPO) —Discúlpeme, señor Collins. Me he dejado llevar por el mal humor... No he querido ser rudo con usted. Le ruego me disculpe...

ARTHUR —¡Demasiado tarde, señor Wilde! Aunque lo entiendo perfectamente. Si yo estuviera siendo juzgado por... "*sondomía*" (REPITE EL ERROR DE QUEENS-BURRY) también tendría el mismo humor que tiene usted ahora. Ha herido profundamente mis sentimientos y mi sensibilidad de actor. Siento decirle que dejo su obra, no me interesa. Tal vez por eso, el personaje, que no es tampoco gran cosa, no me sale. Lástima que no escribe usted con tanta claridad, como lo hace cuando agrede a quien no le hace más que un favor tratando de interpretar personajes débiles, y mal elaborados. ¡Me voy!

COMIENZA A RECOGER SUS IMPLEMENTOS PERSO-NALES: ROPA DE ENSAYO, ABRIGO, LIBRETOS, LON-CHERA, PEQUEÑO MALETÍN PORTA MAQUILLAJE, ETC. UN ASISTENTE DEL ACTOR, UN MUCHACHO EXTREMADAMENTE DELGADO CON ASPECTO DE FI-LISTRÍN Y MODALES AMANERADOS, LO AYUDA A RECOGER SUS PERTENENCIAS. LUCE TANTO O MAS AFECTADO QUE EL ACTOR.

ARTHUR (FARFULLANDO EN VOZ BAJA, CASI INAU-DIBLE) —Quédese con su obra, señor Wilde, y con su personaje. Yo soy un actor profesional, yo tengo más de cuarenta años en el teatro. He actuado en obras importantes, importantes de verdad, de Shakespeare, de Moliere... en Moliere, como ningún otro en Inglaterra, en Corneille, en Bernard Shaw. El propio Bernard Shaw, el día del estreno de "*Pigmalión*" —la mejor obra del teatro moderno— me felicitó personalmente, me dijo que no había ni habrá quien haga al Henry Higgins como lo hacía yo... Yo no quería trabajar en esta pieza suya, pero me insistieron, me dijeron que yo era el único actor en Inglaterra capaz de interpretar este personaje, claro, hay que ser actor de verdad, para ver qué se hace con este personaje, que puede hacerlo cualquier actor mediocre. No tenían que llamarme a mí. Yo he hecho personajes de verdad importantes y difíciles, he interpretado a Esquilo, a Sófocles, a Eurípides... estas comedias suyas, señor Wilde, y me disculpa, son pésimas. ¡Comedias! ¡Comedias para un actor que se ha paseado por todas las tragedias griegas, inglesas y francesas, y verse obligado a hacer esta payasada! (RESPIRA HONDO, PARA DISPONERSE A EFECTUAR UN MUTIS DE APLAUSO) ¡Adiós a todos! ¡Esto ha terminado para mí!

> SALE, SEGUIDO POR SU ASISTENTE, CARGADO DE ENSERES. TODOS QUEDAN IMPACTADOS, WILDE CONTINÚA CON LA CARA ENTRE LAS MANOS, LOS ACTORES ESTÁN ANONADADOS. BOSIE SE CUBRE EL ROSTRO CON UN PAÑUELO – CON EL QUE DE VEZ EN CUANDO SE VENTILABA EL SOPOR DEL ESPACIO— PARA OCULTAR LA RISA.

OSCAR (LUEGO DE UNA PAUSA, TRATANDO DE RECUPERARSE) —... Yo no le dije que se fuera, solo, como es natural, que actuara bien. Mis comedias no son difíciles de interpretar. O, a lo mejor, sí, son naturales. Eso es muy difícil, ser sincero en el teatro, como en la vida.

No es que es que se deba ser sincero, ¿quien lo es? lo que importa es ser veraz. Se puede serlo en la falsedad más grande de la apariencia. La apariencia no dice nada de quien la exhibe, es el alma la que habla. El cuerpo puede ser hermoso, aparentar hermosura, incluso, belleza, pero si el alma está enferma, la belleza no es más que una mascara de cera. El más mínimo contacto con el calor de la vida, se derrite, se funde. No hay peor actuación que aquella en la que el actor, en lugar de decir los parlamentos, los actúa. Hay que, simplemente decirlos como si fueran propios. No hay nada más lejos de una buena actuación que la actuación misma. (ENFÁTICO, DEJANDO EL DOLOR DE SU REACCIÓN Y DE LA PARTIDA DEL ACTOR A UN LADO, SE DISPONE A DAR UNA VERDADERA CLASE MAGISTRAL DE ACTUACIÓN)... El actor debe mirar a su compañero, hablarle a su compañero, no al público. Saber que su compañero entiende lo que él le dice, solo así el público también lo entenderá. Este señor que acaba de irse, ha hecho, mientras recogía sus cosas, tal vez la mejor actuación de su vida. Fue sincero en su ira, fue convincente, sabía que lo estábamos oyendo, y no se molestaba en mirarnos. Ni en subir la voz para hacerse oír. Decía, simplemente, lo que sentía. Era su verdad, y era la verdad del actor, no la del autor, la que fluía de su alma. Es esa verdad la debe ocupar un escenario. El público ve al actor, no lee la pieza del autor. El teatro, en definitiva, es acción, es sangre sobre el escenario, no letra muerta sobre un papel. Por eso, la última palabra,

la garantía de que una pieza es verdaderamente buena, y de que llegará al público la tienen ustedes, los
actores.

TODOS LO HAN OÍDO CON EXTREMA ATENCIÓN.
UNO DE LOS ACTORES, PODRÍA SER "EL DIRECTOR",
EL MISMO QUE INTERPRETA AL SECRETARIO DEL
TRIBUNAL, YA CARACTERIZADO COMO TAL, LO
CUAL HA HECHO A LA VISTA DEL PÚBLICO, TOMA
UNA CARPETA Y ANUNCIA EL INICIO DEL SEGUNDO
JUICIO CONTRA OSCAR WILDE. ESTE PERMANECE
EN SU SITIO, MIENTRAS ALFRED SALE Y ENTRAN LOS
PARTICIPANTES DEL JUICIO.

CAMBIO DE LUZ.

ESCENA 17

SALA DEL TRIBUNAL DE JUSTICIA

UJIER —No habiéndose dado entrada a ninguna nueva denuncia contra Oscar Fingel O'Flaherty Wills Wilde y Alfred Warterhouse Somerset Taylor, los detenidos están acusados por las incriminaciones que figuran en el anterior proceso, en el cual el jurado no llegó a un acuerdo. Tal como quedó acordado, tiene la palabra el señor Charles Feederick Gill, abogado por la corona de su Majestad, nuestra Señora, la Reina.

> EL ABOGADO GILL SE LEVANTA, Y SE DIRIGE AL JUEZ, AL JURADO Y AL PUBLICO PRESENTE.

GILL —Señores del jurado... Tenemos en nuestras manos y, principalmente, en nuestras conciencias, la importantísima labor de discernir y encontrar la verdad de los hechos. De acuerdo a la moral y las leyes de nuestro país, al señor Wilde se le juzga. Como artista que dice ser y como persona, no goza de mayores beneficios que cualquier ciudadano común, por lo que deben dejar a un lado cualquier tipo de prejuicios que pudieran tener para decidir su inocencia, o... su culpabilidad. Ahora, como artista, y convengamos en que lo sea, su delito lo convierte en un criminal de la peor especie. El escritor, cuando escribe para corromper, comete un crimen literario. ¿En qué consiste un Crimen Literario? Es un delito peor que el delito mismo. Cuando un escritor hace pecar sexualmente, no tiene atenuantes, en cuanto a que lo hace para saciar o satisfacer su instinto de goce criminal, no para gozar. Al hacer gozar, él no goza: Induce, pero no participa, es el pecado por el pecado mismo. Esto es Pecado Diabólico. Si nos aventuramos a penetrar en terrenos religiosos, y debe resultar imperdonable, porque es un pecado cometido por la sabiduría, por el genio, con la mayor de las el premeditaciones y alevosías. Es un pecado cuyo perdón es imposible de pensar. Si el criminal usa el medio literario, muestra doblemente su condición de criminal, porque lo que hace no lo ejecuta, pero induce a que lo hagan los cientos, tal vez, miles de lectores que se aventuren a leer, por curiosidad o avidez de conocer formas aberradas de pecar. El escritor criminal es el único capaz de cometer crímenes después de muerto. La muerte física del autor no acaba con el crimen literario, y su cadena de crímenes continúa sumando eslabones. Por algo el escritor se precia de ser inmortal. La reiteración del asesinato literario perdura tanto como el arma con la cual el crimen se comete. La obra literaria es capaz, por sí sola, de continuar asesinando almas. Así que, considerando tan perverso delito, exijo para él, no sólo su aislamiento absoluto de la sociedad a la que pretende corromper, sino que, adicionalmente, retiren sus obras de los teatros donde se exhiben, sus libros de las librerías dónde se venden, y que sean quemados a la vista de todos, para quede claro que la moral de un Imperio, depende de la de cada uno de sus ciudadanos, desde el más humilde a la más encumbrada personalidad pública. Sólo así podremos preservar los más altos postulados de nuestra fe y los que enaltecen la omnipotente sabiduría de su Majestad, la Reina, representada dignamente en esta Suprema Corte Criminal de Justicia. (*Sodomitas, Carlavilla, M. Editorial NOS, Madrid*).

SE DIRIGE AL SECRETARIO DEL TRIBUNAL Y LE DICE AL OÍDO (LLAME A DECLARAR AL SIGUIENTE TESTIGO).

UJIER —El Tribunal de la Suprema Corte Criminal de Justicia llama a declarar al señor (LEVE SORPRESA, QUE SUPERA) Foodseasoning Blackpepper.

PAUSA. NO OCURRE NADA, TODOS EXPECTANTES. EL UJIER REPITE EL LLAMADO DEL TESTIGO.

UJIER —El Tribunal de la Suprema Corte Criminal de Justicia llama a declarar al señor (ESA VEZ, SUSPIRA) Foodseasoning Blackpepper.

LUEGO DE UNA PAUSA. APARECE, VESTIDO DE MANERA MUY FORMAL, AUNQUE CON UN TRAJE QUE

PARECIERA QUE LE QUEDARA ESTRECHO, EL ACTOR QUE FUERA REPRENDIDO POR OSCAR WILDE. TRAE CONSIGO UNA ENORME CARPETA REPLETA DE RECORTES DE PRENSA. MIRA A LOS LADOS, AL PÚBLICO, ETCÉTERA. PARA DETECTAR EL EFECTO DE SU LLEGADA.

UJIER —Señor Foodseasoning Blackpepper, tome asiento, por favor. Se le recuerda que se encuentra bajo estricto juramento, y que es su deber declarar la verdad de los hechos, tal y como usted los vivió o presenció.

EL ACTOR SE DIRIGE AL PALCO DE LOS TESTIGOS.

ACTOR —Lo primero que tengo que decirles es que, aunque ese, por el que fui llamado, es mi nombre legal, agradeceré a todos que usen mi nombre de trabajo: Arhur Collins.

SE SIENTA.

GILL —Usaremos el legal, como corresponde, señor... Blackpepper. (TR) Responda a la siguiente pregunta: ¿Se encuentra usted en este tribunal para declarar bajo su propia decisión, sin que haya sido inducido u obligado a hacerlo?

BLACKPEPPER —Sí, señor. Nadie me ha obligado a hacerlo.

GILL —¿Podría decir su profesión (A MANERA DE RECTIFICACIÓN) o el oficio, al que se dedica?

BLACKPEPPER —Soy actor. He trabajado en las producciones más importantes de Londres. Los críticos han alabado mi trabajo. Se han referido a mí (ABRE LA CARPETA Y BUSCA EN SUS RECORTES) como un actor importante, cosa que no han dicho de otros, que también son actores. Aquí les puedo mostrar las críticas que hablan de mí, y de mis trabajos como actor...

GILL —No hace falta, suficiente. Usted es actor. Diga, por favor, ¿Conoce usted de nombre, trato o referencias al señor Oscar Fingal O'Flahertie Wills Wilde (AL NOTAR EL GESTO DE SORPRESA DEL ACTOR) o, tal vez, por su nombre abreviado, Oscar Wilde?

BLACKPEPPER —Sí, lo conozco. El señor Wilde es escritor de libros y de obras de teatro.

GILL —¿Ha leído algunas de sus obras, o libros?

BLACKPEPPER —Obras, sí, desde luego, las que se han representado, y libros, uno que comencé a leer, pero que no pude concluir.

GILL —¿Cómo se llama ese libro?

BLACKPEPPER —El Retrato de Dorian Gray

GILL —¿Por qué no concluyó su lectura, Señor Blackpepper?

BLACKPEPPER —Me pareció perjudicial, inmoral e incompresible

GILL —¿Podría decir por qué le pareció inmoral?

BLACKPEPPER —No... con certeza, pues, como le digo, no lo concluí, pero tengo la seguridad de que si fue escrito por el Señor Wilde, debe ser inmoral. Sé que se trata de un joven que comete crímenes inmorales con la intención de mantenerse joven, o algo así. Como le digo, es inmoral

GILL —¿Y sus obras de teatro? ¿Las conoce?

BLACKPEPPER —Fui llamado a protagonizar "Un marido ideal" una reposición, porque ya esa obra había sido representada. No quise aceptar el personaje, porque me pereció intrascendente, al igual que la pieza. Yo pensaba retirarme de la producción, precisamente, el mismo día en el que el señor Wilde fue a un ensayo a insultar a los actores. Creo que estaba bebido, o había consumido algo extraño, de eso que fuman los escritores, y, sobre todo, los pintores franceses: drogas, de las que traen de India o de Argelia, porque estaba fuera de sí. Se presentó con un joven, creo que se trataba de...

GILL —Dejemos ese detalle del joven a un lado. Díganos, simplemente, ¿Cómo se comportó el señor Wilde?

BLACKPEPPER —¡Terrible! insultante, grosero y violento. Me vi obligado a irme del teatro, y de la producción.

GILL —¿Cuánto tiempo tiene usted trabajando como actor, señor Blackpepper?

BLACKPEPPER —Cuarenta años (JUSTIFICANDO) Comencé muy joven.

GILL —¿Y el señor Wilde desconfió de sus facultades como actor? Tal vez por... no ser lo suficientemente joven.

BLACKPEPPER —Desconfió. Dijo que yo no estaba a la altura de su personaje, desconociendo mi trayectoria y mi prestigio. El señor Wilde ha insistido con los productores de sus obras que las interpreten actores jóvenes, sobre todo eso, (PUNTUALIZA) actores, porque con las actrices, dice que las prefiere mayores, porque tienen más experiencia que las jóvenes. Yo no digo que no hagan falta actores jóvenes en el teatro, pero los que tenemos experiencia somos los que sabemos hacerlo. Y...

GILL —¡Es todo, señor Juez!

BLACKPEPPER —¿Hace falta que lea algunas de las críticas que me han hecho?

GILL —No es necesario.

GILL SE RETIRA A SU PUESTO, EL JUEZ LE CEDE EL TURNO A CLARKE.

JUEZ —Su turno, Abogado Clarke.

CLARKE, ALGO FASTIDIADO, SE LEVANTA, Y SE DIRIGE AL TESTIGO.

CLARKE —Un par de preguntas, tan solo, señor... Blackpepper (CARA DE DISGUSTO DEL BLACKPEPPER) Usted dijo que no había concluido la lectura del libro cuyo autor es Oscar Wilde, ¿podría decir cuantas páginas de "El Retrato de Dorian Gray" leyó?

BLACKPEPPER (DUDA. LIGERO SOPOR) —No sabría decirle...

CLARKE —¿Tal vez veinte? ¿Diez?

BLACKPEPPER —¿Cómo podría saberlo?

CLARKE —¿Podrían haber sido unas... cinco páginas?

BLACKPEPPER —No sé...

CLARKE —Señor Blackpepper (A MATAR) ¿Podría decirnos, tan sólo, cómo era la portada del libro *"El Retrato de Dorian Gray"* escrito por el señor Oscar Wilde?

BLACKPEPPER —...No lo recuerdo, Señor.

CLARKE GIRA HACIA EL JUEZ.

CLARKE —¡Es todo, su Señoría! He concluido.

JUEZ —Puede retirarse, señor Blackpepper.

BLACKPEPPER, EVIDENCIANDO UN DEJO DE FRUSTRACIÓN, CIERRA LA CARPETA. SE LEVANTA. ANTES DE RETIRARSE, MIRA HACIA AMBOS SECTORES DEL PÚBLICO, COMO ESPERANDO UN APLAUSO. SI SE PRODUCE, SALUDARÁ A LA AUDIENCIA DE LA MANERA MAS CLÁSICA POSIBLE, CASO CONTRARIO, SE RETIRA, AHORA, SI, PROFUNDAMENTE, FRUSTRADO.

EL FISCAL SE DIRIGE AL SECRETARIO. LE ORDENA AL OÍDO QUE LLAME A DECLARAR AL SEÑOR OSCAR WILDE.

SECRETARIO —El fiscal de la causa solicita la comparecencia del acusado, el señor Oscar Wilde. Señor Wilde, tenga la bondad de dirigirse al estrado.

WILDE SE LEVANTA Y SE DIRIGE AL ESTRADO, CEREMONIOSO, COMO SI LO HICIERA A UN PATÍBULO. ALGO LE LLAMA LA ATENCIÓN DENTRO DEL SECTOR DEL PÚBLICO. UNA LUZ SE ENCIENDE SOBRE UN PUNTO DETERMINADO, EL QUE OCUPA EL JOVEN SIRIO DEL MUELLE. OSCAR LO MIRA EXTASIADO. EL JOVEN, COMO RECIBIENDO UNA ORDEN TACITA DE OSCAR, SE LLEVA LA FLAUTA A LA BOCA Y COMIENZA A TOCAR LA MELODÍA QUE INSPIRARA AL AUTOR SU CÉLEBRE "SALOME".

UNA LUZ MUY BRILLANTE ILUMINA AL JOVEN SIRIO. OTRA SE ENCIENDE SOBRE WILDE, QUE LO DESTACA POR ENCIMA DE TODO EL AMBIENTE DEL TRIBUNAL, EN EL CUAL, AUNQUE PERMANECE EN PENUMBRAS, SE DESTACA LA FIGURA DEL JUEZ.

JUEZ —Señor Wilde, creo que mi deber es informarle que puede usted en esta etapa del juicio, declararse culpable. En tal sentido, la justicia entendería su absoluta disposición de colaborar en el esclarecimiento de los hechos y de los delitos que compromete la moral y la decencia no sólo de usted, sino de todas las personas que usted ha involucrado en sus delitos, en sus indecencias, en especial en la persona del muy distin-

guido Marqués de Queensburry. Diga, señor Wilde...
¿Tiene algo más que declarar?

OSCAR (PAUSA) —Aparte de mi talento, más nada,
Señor Juez.

JUEZ (AL PRESIDENTE DEL JURADO) —Respetable
Presidente del Jurado... ¿tiene ya su veredicto?

SE LEVANTA EL PRESIDENTE DEL JURADO, SE ILU-
MINA.

PRESIDENTE DEL JURADO —Sí, su Señoría.

JUEZ —¿Puede tener la gentileza de leerlo?

PRESIDENTE DEL JURADO —Sí, su Señoría... De todos
los cargos que se le imputan al señor Wilde, el Jurado
lo considera... ¡Culpable!

SE PRODUCE UNA GRAN CONFUSIÓN EN EL PÚBLICO
ASISTENTE, ALGUNOS APLAUDEN, OTROS RECHI-
FLAN, LOS DIBUJANTES (EQUIVALENTE A FOTÓGRA-
FOS) BAJAN DE PRISA A TERMINAR LOS BOCETOS,
QUE REGISTRAN LAS IMÁGENES FINALES DEL JUI-
CIO.

JUEZ (SEVERO, DEJANDO A UN LADO LA FINGIDA
CORTESÍA CON LA QUE SE HABÍA VENIDO EXPRE-
SANDO) —Dando cumplimiento a los dictámenes de
la ley, se condena a Oscar Fingal O'Flahertie Wills
Wilde a cumplir en prisión, sin ningún tipo de beneficios, ni consideraciones especiales, dos años de trabajos forzados, los cuales comenzarán a contarse a partir

de la presente fecha. Se cierra el caso (DA UN MARTI-LLAZO).

UJIER (AL PÚBLICO) —Se le agradece al público presente ponerse de pie, mientras Su Señoría, el honorable Juez Charles, los abogados de la Corona y los respetabilísimos miembros del Jurado se retiran del recinto.

SIMULTÁNEAMENTE, DOS POLICÍAS DESVISTEN A WILDE Y LE COLOCAN EL UNIFORME DE PRESIDIARIO, EN EL CUAL SE LEE CON CLARIDAD LA NOMENCLATURA "C-3-3". LE COLOCAN UN NUEVO APLIQUE CAPILAR CON UN CORTE DE CABELLO AL RAPE.

FRANK HARRIS SE DIRIGE AL ESTRADO DEL JUEZ, Y LO USA COMO ESCRITORIO. UNA LUZ SE CONCENTRA EN ÉL, ILUMINANDO LA MESA, LLENA DE PAPELES Y ENSERES PROPIOS DEL OFICIO DE ESCRIBIR.

ESCENA 18

ESTUDIO DE FRANK HARRIS (ESTRADO DE JUEZ)

UNA LUZ TENUE, COMO LA DE UNA LÁMPARA DE MESA, ILUMINA A FRANK HARRIS, QUE ESCRIBE. *(EL TEXTO EXPUESTO NO PERTENECE A LA BIOGRAFIA QUE DE OSCAR WILDE HICIERA HARRIS)*

FRANK (MÁS QUE ACTUARLO, NARRA AL PÚBLICO LO QUE DICE) —El horror que vivió Oscar a partir de ese día, tal y como él mismo me lo hizo saber al salir en libertad, no se debió a los trabajos que se vio obligado a realizar, que, más que forzados, resultaron inhumanos, sino a la crueldad con la que son tratadas las personas allí, si es que puede seguir llamándosele así a los infelices que sobreviven de esa pesadilla, luego de ser condenados a cumplir condenas en una cárcel inglesa. Muy pronto pierden la razón. A él, las que siempre tuvo para vivir: su fama, su madre, su esposa, sus hijos, y...la belleza que intentaba ver en el arte y en la naturaleza. Todas esas razones se hundieron en la oscuridad de las celdas putrefactas en las que estuvo, y de las comidas nauseabundas, imposible de ingerir, que le provocan a los que las comen toda clase de enfermedades. Algunos, los más afortunados, enloquecen antes de percatarse de tales males. Ni siquiera la maravillosa mente creadora de Oscar, ni la más clara sabiduría humana, sería capaz de comprender la verdadera dimensión de ese suplicio. (TOMA UN EJEMPLAR DE "UN MARIDO IDEAL", LEE) *Los que sobreviven a la oscuridad que reina en ellas, la más espantosa posible, no logran ver la luz del Sol más que una vez a la semana, y tan sólo por dos miserables horas...*

SE SUPERPONE LA VOZ DE OSCAR WILDE, MIENTRAS FRANK CONTINÚA ESCRIBIENDO Y HABLANDO.

ESCENA 19

CÁRCEL

APARECE WILDE A UN LADO DEL ESPACIO ESCÉNI-
CO, EN SILUETA, ILUMINADO POR UN FUERTE CON-
TRALUZ, QUE MARCA SOBRE EL PISO LOS BARROTES
DE LA VENTANA ALTA Y ESTRECHA DE UNA CELDA.

OSCAR —... El hambre lo debilita a uno, pero la in-
humanidad es lo peor de todo. ¡Que seres tan diabóli-
cos son los hombres! Yo no sabía nada de ellos, ni tenia la menor idea de que pudieran existir semejantes
crueldades. Una vez me habló un detenido durante el
paseo semanal en el patio, y me dijo entre dientes, de
manera que no lo vieran, cuanto me compadecía y su
esperanza de que yo pudiese soportar ese martirio
hasta el fin. Sin poder contenerme, le tendí las manos,
exclamando ¡gracias, gracias!, lo bondad que había en
su voz, me llenó los ojos de lágrimas (NO PUEDE EVI-
TAR EL LLANTO).

COMO SI SE TRATARA DE UN CEREMONIAL, LOS AC-
TORES JÓVENES DEL MONTAJE SALEN EN DESNUDO
INTEGRAL, O A CONVENIENCIA, TAL Y COMO APA-
RECIERON EN LA PRIMERA ESCENA. UNO DE ELLOS,

MODELO-BOSIE, COMIENZA A VESTIRSE DE BOSIE, EN UNA CARACTERIZACIÓN DE MAYOR MADUREZ. OSCAR HABLA, COMO SI LO HICIERA EN SOLEDAD, MIENTRAS, LOS MUCHACHOS SE REGODEAN EN SÍ MISMOS.

OSCAR —Un día llegó un carcelero a la celda, y me ordenó que saliera y me descalzara. (AL PÚBLICO EN TOTAL CONFIDENCIA) Yo no sabia por qué hacia aquello, no me atreví a preguntárselo. Me obligó a permanecer de pie, con el rostro adherido al muro de la celda durante horas, muchas, que se hicieron interminables. Resistía para no perder el sentido, porque sabía que me lo harían recuperar con un castigo peor. Al tiempo, llegó el guardia con unas botas: ¡Póngaselas! Me ordenó. No podía calzármelas, porque eran muy duras y pequeñas para mí. Sin embargo, tuve que hacerlo de pie. Perdí el equilibrio. Aparte de que ya no tenía fuerzas para sostenerme, y caí de costado. Me rompí el tímpano, que inmediatamente comenzó a sangrarme, sin posibilidad de poder molestar al guardia o a un médico, porque me dirían que se trataba de un simple dolor de oído. Pero era tan terrible en las noches frías, que me resultaba imposible soportarlo. No dejó nunca de sangrarme. Desarrollé una infección espantosa, que me hizo perder la capacidad de oír por ese oído, pero lo peor eran los dolores, que se hacían insoportables. No podía quejarme, hasta eso se le prohíbe a los condenados que viven en ese infierno. Mi dolor se hacia más intenso al recordar a mi padre, con cuya especialidad médica, me hubiese podido curar en horas, *y a mi madre, que murió herida en lo más hondo de su corazón, porque el hijo, de cuyo genio y arte se había enorgullecido tanto, fue condenado a trabajos forzados por dos años.*

ESCENA 20

DESPUÉS DE LA CÁRCEL

SE ENCIENDE DE NUEVO LA LUZ EN EL ESTRADO DEL JUEZ. ES BOSIE QUIEN, TERMINÁNDOSE DE VESTIR, SE ENCUENTRA EN LUGAR DE HARRRIS. SE COLOCA UN ÚLTIMO ELEMENTO EN EL TRAJE: EL CLAVEL VERDE QUE SIEMPRE HA PERMANECIDO EN EL ESTRADO DEL JUEZ.

BOSIE (SENTÁNDOSE) —Me culparán de todo lo que le ocurrió a Oscar. Pero no fue mi culpa. Yo quise participar en el proceso para exponer en el tribunal toda la responsabilidad que pudiera tener en los delitos de los que lo inculparon. No me permitieron hacerlo. Mi madre y mi hermano ofrecieron pagar una fuerte suma de dinero para pagar los gastos del juicio, pero nunca lo hicieron. Mi padre supuso que al aparecer yo como cómplice de Oscar, suavizarían su condena, y él quería para Oscar la pena máxima. No se hubiese conformado con su muerte, por eso, tal vez, no se la provocó con su arma. Lo que deseaba era verlo sufrir, humillado, pudriéndose en cualquiera de las cárceles de Londres. Traté de declarar en los periódicos antes de que Oscar introdujera la demanda, para crear un ambiente de desagrado en contra de mi padre, pero Oscar tampoco quiso que lo hiciera. Los acontecimientos se sucedieron de una manera precitada. Nos envolvió a todos una cantidad inmensa de escándalos, de opiniones y de enfrentamientos de todo tipo. Todos me presionaron para que yo saliera de Inglaterra. No me quedó otra opción que seguir el paulatino hundimiento de Oscar desde el extranjero, sin poder hacer nada para impedirlo. En la cárcel, Oscar escribió dos largas cartas, que, al salir, le entregó a Robert Ross, con instrucciones de que me las entregara. Ross le puso por nombre a la primera *"De Profundis"*. Se trataba de terribles acusaciones en mi contra. Eran los originales, pude haber evitado que se conocieran, simplemente, suprimiendo algunos fragmentos de ellos, sin embargo, no lo hice, limitándome tan sólo a corregirlos, y propiciar que fuesen publicados, a sabiendas de que serían divulgadas circunstancias que me responsabilizaban por completo de lo ocurrido. Yo contaría, luego, mi propia versión. En ese momento, lo importante era que se le permitiera a él hablar luego de dos años de silencio absoluto. Oscar volvió a buscarme, pero ya él no era el mismo de antes. Los dos años en la cárcel habían acabado con su ánimo, aunque se negaba a aceptarlo.

SE ILUMINA EL ESPACIO DE OSCAR, MANTENIDO EN PENUMBRAS.

OSCAR —... Todo me ha sido negado desde entonces. Cualquier acto de creatividad, o heroísmo, es inútil en mi caso. ¿No le conté que estuve a punto de ingresar a un monasterio? Habría sido un mejor final para mí, pero, sin lugar a dudas, hubiese representado un escándalo más perturbador que el mismo silencio del convento. Todo cuanto hiciese era motivo de escándalo. (EN TONO CHISTOSO) En una oportunidad, una mujer quiso acabar con su vida y se lanzó al río para ahogarse. Yo, al verla pataleando, Intenté salvarla, pero me contuve, por temor a que fueran pensar que lo hacia para llamar la atención de los transeúntes. (RÍE DE SU PROPIO INGENIO) Lo lamenté luego por ella. Creo de todas maneras que un hombre que deambulaba por ahí, la salvó...

LUZ SOBRE BOSIE, SIN DESAPARECER DEL TODO LA QUE ILUMINA A OSCAR.

BOSIE —A pesar de eso, mantuvo relaciones con personas importantes. Una fue Sarah Bernhardt, en Cannes. Ella actuaba en Tosca. Luego de la función, Oscar fue a su camerino para saludarla. La Bernhardt, al verlo, se levantó con dificultad, cosa que no hacia ni siquiera con los empresarios que la contrataban, le faltaba una pierna. Y lo abrazó con tanta pasión...

OSCAR (RÍE, REALMENTE DIVERTIDO) —... que parecía que no había salido del escenario. Lloró con un llanto tan profuso como el que había exhibido en la Tosca. Era una gran actriz.

BOSIE —Otros encuentros fueron menos placenteros. Wilde caminaba cerca del mar, cuando apareció George Alexander en bicicleta.

OSCAR —... Me dirigió una sonrisa retorcida y repúgnate, y aceleró sin detenerse. ¡Qué mezquino y absurdo de su parte!

BOSIE —... La cantante de ópera Nelly Melba, que lo había conocido en Londres, una mañana en la que caminaba por las calles de Paris, se sorprendió al ver en una esquina a un hombre alto, de aspecto lastimoso, tambaleándose: "Madame Melba —le dijo el hombre—, ¿No sabe quien soy yo? Soy Oscar Wilde, y voy a hacer una cosa terrible. Le voy a pedir dinero". Ella, sin creer del todo lo que veía, tomó lo que tenía en su monedero y se lo dio. El susurró las gracias y se alejó. (BOSIE SE SIENTA EN EL ESCRITORIO Y CONTINÚA HABLÁNDOLE AL PÚBLICO) John O'Connors, un eminente irlandés, miembro del Parlamento, logró reconocerlo en un restaurante y se sintió impulsado a hablarle. Oscar, que había perdido los dientes delanteros, y no tenía dentadura postiza para reemplazarlos, se tapó la boca con una servilleta y le dijo: Usted no me conoce, señor, queriendo decir que no merecía ser reconocido por sus compatriotas. Nunca antes se había sentido tan desamparado, como, cuando, viajando hacia Suiza, decidió detenerse en Génova para dejar unas flores en la tumba de Constance, la mujer que había sido su esposa, y que fue obligada a irse de Londres y a cambiarle el apellido a sus hijos. La inscripción de la lápida le resultó trágica. No decía más que: "Constance Mary, hija de Horace Lloyd". Oscar no era mencionado. Era como si él nunca hubiese existido en la vida de esa mujer.

OSCAR —Me sentí profundamente afectado, con una sensación de inutilidad y de profunda soledad. Nada pudo haberme causado más pesar. Nada pudo haber sido peor. Entendí lo terrible que era la vida para mí.

BOSIE —No intentó hacer nada más que vagar. Buscaba compañía, pero, de personas que no lo conocieran, especialmente, muchachos que nada tenían que ver con el arte, ni que, como ya era natural en él, poseyeran mayor instrucción. Se dedicó, desde entonces, a conversar acerca del amor "uraniano", abiertamente, sin los giros poéticos del pasado.

OSCAR (CÍNICO) —Un patriota puesto en la cárcel por amar a su país, ama a su país, pero un poeta puesto en la cárcel por amar a los muchachos, es un poeta que ama a los muchachos. Hasta en Napoule hay romance: Llega en botes y adopta las formas de muchachos que arrastran grandes redes y van con los torsos desnudos. Son extrañamente perfectos. Últimamente estuve, en Niza, allí el romance es una profesión ejercida bajo la

Luna. Pienso que la *"Balada de la Cárcel de Reading"* podría reescribirla con el nombre de "La Balada del Muchacho Pescador". Celebraría la libertad en vez de la pena, la alegría y el beso, en vez de la cárcel.

BOSIE —A pesar del desprecio de muchos hacia él, contaba aun con el afecto de algunos cuantos amigos. A Louis Latourrete le dijo:

OSCAR (SACA DE UNO DE LOS BOLSILLOS DE SU SACO LA FOTOGRAFÍA DE UN JOVEN ROMANO, TOMADA EN LA FONTANA DE TREVI) —Quiero mostrarle, Mister Latourrete, la fotografía de Dorian Grey. Conocí a este joven inglés en Roma. Es así como me imagino a Dorian. A este muchacho lo encontré después de haber escrito mi libro. Ya ve usted como es correcta mi idea de que "El arte inspira a la naturaleza". Este joven encantador no habría existido, si yo no lo hubiese escrito en mi libro.

BOSIE —Es la misma capacidad del arte la que hace posible la creación de las cosas, pero, a veces, ocurre lo contrario, es la obra creada la que destruye al genio que la hizo posible... Esto es, lo que, con toda seguridad, siempre dirán de... Alfred Douglas.

OSCURO LENTO SOBRE BOSIE, QUE SALE DE ESCENA. LA ATMÓSFERA ADQUIERE AHORA UNA TONALIDAD NEBLINOSA, CON EL AZUL DE LA NOCTURNIDAD AVANZADA DE UN MUELLE.

WILDE

LOS MUCHACHOS, SEMI DESNUDOS, SE UNEN UNOS A OTROS COMPONIENDO CONJUNTOS ESCULTÓRICOS.

EL JOVEN SIRIO SE DIRIGE AL ESTRADO Y SE SIENTA EN ÉL. TOCA LA FLAUTA CON INUSITADA DULZURA

ESCENA 21

BAÑOS SAUNA

OSCAR —... He vivido para el placer, evitando el sufrimiento. Lo convertí en arte a partir de los dones que recibí de los dioses. Pero lo que los dioses dan, también lo quitan, y muy pronto. Sólo se dispone de unos pocos años para vivir de verdad perfectamente y con plenitud. Cuando se acaba la juventud desaparece la belleza, y, entonces, se descubre de repente que ya no quedan más triunfos, y hay que contentarse con logros insignificantes, que el recuerdo de algún pasado esplendor hace más amargas las derrotas... La belleza... la belleza es efímera. Sólo el mármol frío y la mano diestra y el espíritu elevado de un escultor sensible puede hacerla perdurable, imperecedera, eterna... (EVOCA) *La imagen de aquel cuadro, antes hermosa, angelical, perfecta en líneas y armonías, que dibujan el rostro más hermoso jamás visto, se fue transfigurando y convirtiendo en un amasijo de arrugas espantosas, las líneas, antes, perfectas de sus pómulos, sus mejillas, su frente, limpia y despejada, ahora se tornaba gris, se agrietaba de tal manera,* que daba la impresión de que, en algún instante, se desmoronarían para convertirse en cenizas.

OSCURO LENTO.

LA LUZ SE ENCIENDE DE NUEVO SOLO SOBRE OSCAR, QUIEN SIGUE HABLANDO, PERO YA SIN EMITIR SONIDO ALGUNO.

DE NUEVO, OSCURO, MAS LENTO AÚN, MIENTRAS SE ESCUCHA, Y SEGUIRÁ ESCUCHANDO, LA FLAUTA DEL JOVEN SIRIO.

Fin

ÍNDICE

www.ingramcontent.com/pod-product-compliance
Lightning Source LLC
Chambersburg PA
CBHW031835090426

42741CB00005B/253